全国医学院校高职高专系列教材
供医学、护理、助产专业用

医护心理学

主　编　戴肖松　蓝琼丽
副主编　韩　冰　褚梅林　迟延辉
编　者　（以姓氏笔画为序）
　　　　王利群（湖南环境生物职业技术学院）
　　　　牛玉杰（大庆医学高等专科学校）
　　　　叶　玲（益阳医学高等专科学校）
　　　　杨玉娟（山东万杰医学院）
　　　　肖瑞建（怀化医学高等专科学校）
　　　　迟延辉（大连大学职业技术学院）
　　　　姚　鸣（新疆医科大学护理学院）
　　　　唐乃梅（新疆医科大学第二附属医院）
　　　　韩　冰（大庆医学高等专科学校）
　　　　蓝琼丽（柳州医学高等专科学校）
　　　　褚梅林（湖南环境生物职业技术学院）
　　　　戴肖松（益阳医学高等专科学校）
秘　书　刘志攀（益阳医学高等专科学校）

北京大学医学出版社

YIHU XINLIXUE

图书在版编目（CIP）数据

医护心理学/戴肖松，蓝琼丽主编. —北京：北京大学医学出版社，2011.6（2016.8重印）
（全国医学院校高职高专系列教材）
ISBN 978-7-5659-0025-9

Ⅰ.①医… Ⅱ.①戴… ②蓝 Ⅲ.①护理学：医学心理学—高等职业教育—教材 Ⅳ.①R47

中国版本图书馆 CIP 数据核字（2011）第 061016 号

医护心理学

主　　编：戴肖松　蓝琼丽
出版发行：北京大学医学出版社
地　　址：（100191）北京市海淀区学院路 38 号　北京大学医学部院内
电　　话：发行部 010-82802230；图书邮购 010-82802495
网　　址：http://www.pumpress.com.cn
E - mail：booksale@bjmu.edu.cn
印　　刷：北京瑞达方舟印务有限公司
经　　销：新华书店
责任编辑：张彩虹　　责任校对：金彤文　　责任印制：张京生
开　　本：787mm×1092mm　1/16　　印张：10　　字数：246 千字
版　　次：2011 年 6 月第 1 版　2016 年 8 月第 6 次印刷
书　　号：ISBN 978-7-5659-0025-9
定　　价：18.00 元

版权所有，违者必究

（凡属质量问题请与本社发行部联系退换）

全国医学院校高职高专系列教材编审委员会组成名单

主任委员：王德炳
学术顾问：程伯基
第一副主任委员
  陈涤民 怀化医学高等专科学校   校长
副主任委员（以姓氏笔画为序）
  匡奕珍 山东万杰医学院   院长
  杨文明 常德职业技术学院   院长
  何旭辉 大庆医学高等专科学校   校长
  姚军汉 张掖医学高等专科学校   校长
  秦海洸 柳州医学高等专科学校   副校长
  高炳英 青海卫生职业技术学院   党委书记
  雷巍娥 湖南环境生物职业技术学院 副院长
秘书长 李晓阳 怀化医学高等专科学校   副校长
委员（以姓氏笔画为序）

马红茹	马晓健	王化修	王晓臣	王喜梅	王嗣雷	邓 瑞	邓开玉
艾晓清	叶 玲	申小青	田小英	付林海	冯丽华	冯燕俊	吕 冬
向开祥	向秋玲	邬贤斌	庄景凡	刘一丁	刘兴国	刘金宝	刘振华
许健瑞	阳 晓	李 兵	李争鸣	李金成	李钟峰	李淑文	李雪兰
李新才	李豫青	杨立明	杨新忠	吴 艳	吴水盛	吴和平	吴德诚
宋 博	宋国华	张 申	张 萍	张 慧	张 薇	张玉兰	张振荣
张跃新	张琳琳	陆 春	陆 涛	陈小红	陈良富	陈建中	易德保
岳新荣	周 毅	周旺红	周德华	郑丽忠	赵亚珍	郝晓鸣	柳 洁
段于峰	饶利兵	姜海鸥	姚本丽	贺 伟	耿 磊	聂景蓉	桂 芳
徐凤生	郭 毅	陶 莉	黄建林	黄雪霜	曹庆旭	曹述铁	阎希青
彭 湃	彭 鹏	彭艾莉	董占奎	蒋乐龙	曾孟兰	谢日华	蓝琼丽
蒲泉州	鲍缇夕	蔡岳华	谭占国	熊正南	戴肖松		

序

医药卫生类高职高专教育是我国高等医学教育体系的重要组成部分。目前我国正在积极推进医药卫生体制改革，力争用几年时间基本建成覆盖全国城乡的基本医疗卫生制度，初步实现人人享有基本医疗卫生服务的目标。因此，对基层卫生服务人才的需求在大量增加，同时对其素质要求也在提高。卫生部针对基层人才严重缺乏的问题，指出当前和今后一段时间内还需要培养高等专科水平的医学人才，充实基层卫生服务技术人才队伍。

在新一轮医药卫生体制改革逐步推进的大背景下，为配合教育部"十二五"国家级规划教材建设，中国高等教育学会医学教育专业委员会与北京大学医学出版社共同发起成立全国医学院校高职高专系列教材编审委员会，组织二十余所医学院校启动了全国医学院校高职高专系列教材的编写、出版工作。本系列教材包括4个子系列，即基础课程（14种）、临床专业课程（10种）、全科医学专业课程（5种）和护理专业课程（11种），有些教材还编写了配套实验指导与学习指导。

这套教材编写的指导思想是：符合人才培养规律，体现教学改革成果，确保教材质量。各教材在编写中把握了以下原则：①根据专业培养目标、就业需要及本课程在教学计划中的地位、作用和规定学时数确定编写大纲及内容的深度、广度、重点和字数。②着重于基础理论、基本知识和基本技能的叙述。基础课教材要体现专业特色，要为专业课服务。③保证内容的科学性、启发性、逻辑性、先进性和适用性。应做到概念清楚，定义准确，理论有据，名词术语准确统一；启发学生理解、分析问题，有利于提高学生的学习兴趣和培养他们的钻研探索精神。④恰当处理相关课程内容之间的交叉与衔接，以避免知识点的不必要重复。⑤内容涵盖执业助理医师或护士执业资格考试最新版考试大纲的要求，以利于学生应考和就业。

这套教材的编写、出版和使用，离不开二十余所医学院校领导和教务部门的支持，凝聚了各教材编写组老师们的辛勤劳动和汗水。这套教材的出版时值国家"十二五"规划开局之年，我们会积极努力申报，争取有更多教材入选"十二五"国家级规划教材，为医药卫生类高职高专教育的改革和发展贡献力量！

王德炳
2010年12月

前　言

医护心理学是心理学与医学、护理学相结合的一门交叉学科。这门学科将心理学的理论知识和实验技术应用于医学、护理领域，研究心理因素在人体健康以及疾病的发生、预防、诊断、治疗与护理中的作用。由于交叉学科具有传统学科所不具备的优势，医护心理学的发展速度非常快，现已成为心理学的一个重要分支学科，也成为医学院校不可或缺的人文课程。

本教材紧紧围绕培养高等应用型专门人才的目标，以专业培养目标为导向，在编写中坚持"实用、好用、够用"的原则，贯彻教材的思想性、科学性、先进性、启发性和实用性，特别强调实用性（适教适学）和先进性。以讲清概念、强化应用为教学重点，不追求"精、尖、深、偏"。为适教适学，在内容编排上每章前面都提出了学习目标，按掌握、熟悉、了解三个层次明确了主要知识点的学习程度；在教材中适当穿插了一些案例或知识链接，体现了教材的启发性，以激发学生的学习、探究兴趣；每章后附有本章小结及自测题，有利于学生巩固和理解本章知识。本教材按36学时编写，其中理论课29学时，实践课7学时，在教学过程中，各学校可根据实际情况，对本书内容和学时的分配作适当的调整。

全书共分10章，包括绪论、心理过程、人格、心理卫生、心理应激与心身疾病、异常心理、心理评估、心理咨询与心理治疗、心理护理、医护人员应具备的良好心理素质及其培养。本教材旨在引导学生了解心理社会因素对人体健康与疾病的作用规律及服务对象的心理活动规律，培养专科层次医学生良好的心理素质，以适应医学模式的转变，更好地为服务对象提供医疗、护理服务。

本教材适用于专科层次的临床医学、护理、助产等专业学生，也可供各级医务工作者参阅。

本教材参考并吸收了部分医学院校教材的成果。在编写过程中得到了柳州医学高等专科学校、湖南环境生物职业技术学院、益阳医学高等专科学校和各编者所在学校的大力支持。在此一并表示感谢！

由于编者学识水平有限，加之编写时间仓促，书中不足和遗漏在所难免，恳请读者批评、指正。

戴肖松　蓝琼丽

2011年1月

目 录

第一章 绪论 …………………………… 1
　第一节 心理学概述 ………………… 1
　　一、心理学的概念 ………………… 1
　　二、心理学研究的对象 …………… 1
　　三、心理学发展简史 ……………… 2
　　四、心理的实质 …………………… 3
　第二节 医护心理学概述 …………… 5
　　一、医护心理学的概念 …………… 5
　　二、医护心理学的研究任务 ……… 5
　　三、医护心理学的基本观点 ……… 6
　　四、医护心理学的研究方法 ……… 6
　　五、学习医护心理学的意义 ……… 7
第二章 心理过程 ……………………… 10
　第一节 认知过程 …………………… 10
　　一、感觉 …………………………… 10
　　二、知觉 …………………………… 13
　　三、记忆 …………………………… 16
　　四、思维 …………………………… 20
　　五、想象 …………………………… 24
　　六、注意 …………………………… 25
　第二节 情绪过程 …………………… 27
　　一、概述 …………………………… 27
　　二、情绪与情感的作用 …………… 27
　　三、情绪与情感的分类 …………… 28
　　四、健康情绪的判断标准 ………… 30
　　五、情绪的调控 …………………… 30
　第三节 意志过程 …………………… 32
　　一、概述 …………………………… 32
　　二、意志行动的心理过程 ………… 33
　　三、意志品质 ……………………… 33
第三章 人格 …………………………… 37
　第一节 概述 ………………………… 37
　　一、人格的概念 …………………… 37
　　二、人格的特征 …………………… 37
　　三、影响人格形成与发展的因素 … 38

　第二节 人格倾向性 ………………… 39
　　一、需要 …………………………… 39
　　二、动机 …………………………… 41
　　三、兴趣 …………………………… 42
　第三节 人格心理特征 ……………… 42
　　一、能力 …………………………… 42
　　二、气质 …………………………… 45
　　三、性格 …………………………… 47
　第四节 人格的内控系统——自我意识
　　　　　……………………………… 48
　　一、自我意识概念 ………………… 48
　　二、自我意识的结构与功能 ……… 49
　　三、医学生自我意识的培养 ……… 49
第四章 心理卫生 ……………………… 52
　第一节 概述 ………………………… 52
　　一、心理卫生概念 ………………… 52
　　二、心理健康的评估标准 ………… 53
　第二节 不同年龄阶段的心理卫生 … 54
　　一、婴幼儿期心理卫生 …………… 54
　　二、童年期心理卫生 ……………… 56
　　三、青少年期心理卫生 …………… 57
　　四、青年期心理卫生 ……………… 59
　　五、中年期心理卫生 ……………… 60
　　六、老年期心理卫生 ……………… 61
第五章 心理应激与心身疾病 ………… 66
　第一节 心理应激 …………………… 66
　　一、心理应激概念 ………………… 66
　　二、应激原 ………………………… 67
　　三、应激反应 ……………………… 68
　　四、心理防御机制 ………………… 69
　　五、心理应激对健康的影响 ……… 71
　第二节 心身疾病 …………………… 72
　　一、心身疾病概述 ………………… 72
　　二、常见的心身疾病 ……………… 75
第六章 异常心理 ……………………… 80

第一节 概述 …………………… 80
　一、异常心理的概念 …………… 80
　二、正常心理与异常心理的区分
　　　和判断 ……………………… 80
　三、异常心理产生的原因 ……… 82
　四、异常心理分类 ……………… 82
第二节 人格障碍 ………………… 83
　一、人格障碍概述 ……………… 83
　二、常见人格障碍类型 ………… 83
第三节 神经症 …………………… 86
　一、神经症概述 ………………… 86
　二、常见神经症类型 …………… 87
第四节 性心理障碍 ……………… 88
　一、性心理障碍概述 …………… 88
　二、常见性心理障碍类型 ……… 89
第五节 成瘾行为 ………………… 90
　一、成瘾行为概述 ……………… 90
　二、常见成瘾行为类型 ………… 90

第七章 心理评估 ………………… 94
　第一节 概述 …………………… 94
　　一、心理评估的概念 ………… 94
　　二、心理评估的目的 ………… 94
　　三、心理评估的常用方法 …… 94
　第二节 心理测验 ……………… 95
　　一、心理测验的概念 ………… 95
　　二、心理测验的分类 ………… 95
　　三、心理测验的条件 ………… 96
　　四、常用的心理测验 ………… 96

第八章 心理咨询与心理治疗 …… 102
　第一节 概述 …………………… 102
　　一、心理咨询与心理治疗的概念 … 102
　　二、心理咨询与心理治疗的关系 … 103
　　三、心理咨询与心理治疗的原则 … 104
　　四、会谈技巧 ………………… 104
　第二节 心理咨询 ……………… 105
　　一、心理咨询的对象 ………… 105
　　二、心理咨询的形式 ………… 106
　　三、心理咨询的过程 ………… 106

第三节 心理治疗 ………………… 107
　一、精神分析疗法 ……………… 107
　二、行为疗法 …………………… 110
　三、来访者中心疗法 …………… 111
　四、认知疗法 …………………… 112

第九章 心理护理 ………………… 117
　第一节 概述 …………………… 117
　　一、心理护理的概念与特点 … 117
　　二、心理护理目标 …………… 118
　　三、心理护理原则 …………… 118
　　四、心理护理程序 …………… 118
　第二节 患者的心理 …………… 119
　　一、患者角色与患者角色的转化 …
　　　　………………………… 119
　　二、患者的心理需要 ………… 122
　　三、不同患者的心理护理 …… 123

第十章 医护人员应具备的良好心理
　　　　素质及其培养 ………… 129
　第一节 医护人员应具备的良好心理
　　　　素质 …………………… 129
　　一、必备的职业技能 ………… 129
　　二、认知素质要求 …………… 129
　　三、情绪情感素质要求 ……… 130
　　四、意志素质要求 …………… 130
　　五、个性素质要求 …………… 131
　第二节 医护人员心理素质的培养 …
　　　　………………………… 131
　　一、培养原则 ………………… 131
　　二、培养途径 ………………… 132

附录一 实验 …………………… 135
　实验一 自我探索的团体心理辅导 … 135
　实验二 SCL-90、SAS、SDS量表
　　　　练习 …………………… 137
　实验三 不同疾病阶段患者心理护理
　　　　的角色扮演活动 ……… 142

附录二 自测题单项选择题参考答案 … 143
参考文献 ………………………… 144
中英文专业词汇对照索引 ……… 146

第一章 绪 论

> **学习目标**
> 1. 掌握心理学、医护心理学的定义以及心理的实质。
> 2. 熟悉心理现象、医护心理学的基本观点。
> 3. 了解心理学发展简史，医护心理学的研究任务、方法及学习医护心理学的意义。

法国大作家维克多·雨果曾经说过："世界上浩瀚的是大海，比大海要浩瀚的是天空，比天空还要浩瀚的是人的心灵。"作为一门内容广泛的学科，心理学可分为"基础"和"应用"两大门类。所谓基础心理学（即普通心理学）是以正常成人的心理活动为对象，阐述心理活动最基本的规律的科学，而医护心理学则是心理学在医护领域中的应用。目前，医护心理学正日益受到重视，已成为国家执业医师、执业助理医师、执业护士资格考试和医、护各专业知识结构中的必备内容。

第一节 心理学概述

一、心理学的概念

心理学（psychology）是研究人的心理现象的发生、发展及其活动规律的科学。它的任务是揭示人的各类心理现象的本质，阐明其特点和规律，从而使人类对自己的精神世界具有充分的科学认识，为完善、改造和发展人的精神世界提供科学依据。

二、心理学研究的对象

心理学研究的对象是人的心理现象。如下所示：

```
                  ┌ 心理过程 ┌ 认知过程：感知、记忆、思维、想象、注意等
                  │         │ 情感过程
                  │         └ 意志过程
心理现象 ────────┤
（心理活动）      │         ┌ 人格倾向性：需要、动机、兴趣、信念、世界观等
                  └ 人格   ┤ 人格心理特征：能力、气质、性格
                            └ 自我意识系统：自我认识、自我体验、自我调控
```

人的心理现象主要分为心理过程和人格两大部分。心理过程是指人的心理活动发生、发展的过程，包括认识过程、情绪情感过程和意志过程；人格是指一个人的总的精神面貌，即具有一定倾向性的稳定的心理特征的总和，主要包括三个部分：人格倾向性、人格心理特征和自我意识系统。心理过程和人格是既有区别又有联系的两个方面。

心理过程是人格形成的条件和表现，人格是通过心理过程逐步形成而发展起来的，也通过心理活动过程才能表现出来，而人格又是影响和制约心理过程的品质和效果的重要的主观因素。

三、心理学发展简史

（一）现代科学心理学的产生

德国心理学家艾宾浩斯说过这样一句名言：心理学有一个长远的过去，却只有一个短暂的历史。

心理学确实是一门较年轻的科学，但就其基本概念的形成而言，却可以追溯到远古时期。"心理"这一概念早在公元前的古希腊哲学中就已经出现。公元前4世纪，亚里士多德在其专著《灵魂论》中，把"心理"这种东西理解为有机过程，并把它分为"植物的"、"动物的"和"理性的"三种。在中国提出与"心理"有关的思想比古希腊还早，孔子在《论语》中已经广泛地论述到了与教育心理学有关的某些问题。然而，数千年的人类认识史证明，认识心理活动及其本质绝非易事。人类为了认识自身的精神活动，曾经历过多次反复和走过许多弯路，这样的经历至今被记载在哲学史中，因为心理学的思想一直是寄生在哲学之中。

1879年德国学者冯特（Wundt）在莱比锡大学创建了世界上第一个心理学实验室，标志着心理学真正脱离哲学而成为一门独立的学科。

知识链接——威廉·冯特

威廉·冯特（Wilhelm Wundt，1832—1920），德国人，从1851年起攻读医学，1856年获医学博士学位，1857年任海德堡大学生理学讲师，1874年应聘苏黎世大学教授，次年任德国莱比锡大学哲学教授并于1879年在该大学建立世界上第一个心理实验室，成为心理学创始人，1889年任莱比锡大学校长，1920年8月31日逝世。

冯特认为，心理学是研究人的直接经验的，因此它和以间接经验为研究对象的科学不同，应该能够用测定直接经验的方法，即内省实验的方法进行研究。冯特用内省法研究了感觉、知觉、注意、联想等心理现象；提出了统觉学说（认为统觉就像是意识域的注视点）和情感三维说（认为情感包括愉快和不愉快、兴奋和沉静、紧张和松弛三个维度）。他还主张用民族心理学的方法研究高级心理现象。

冯特一生著作非常多，有代表性的著作有1874年出版的实验心理学的第一部重要著作《生理心理学纲要》，1889年出版的《心理学大纲》。从1900起，他用了十年时间出版了有4000多页的代表他社会心理学思想的10卷《民族心理学》。1920年写成自传《经历与认识》一书。

(二) 现代心理学的主要学派

继冯特之后,大批的哲学家、生理学家、医学家、教育学家按照各自的理论对心理现象进行了大量艰苦、细致的研究,最终形成了20世纪初百花齐放、百家争鸣的局面。其中比较有影响的学派是:

1. 构造主义学派　构造主义心理学是19世纪末产生于德国而发展于美国的一个心理学流派。德国的冯特是其创始人。冯特认为心理现象可以分为不同性质的元素,一种是感觉,另一种是情感;心理过程与大脑的生理过程是两个独立的系统。这种心身平行论属于唯心主义的二元论。

2. 精神分析学派　精神分析产生于1900年,其创始人是奥地利的精神病学家弗洛伊德(Freud)。他主张把无意识作为精神分析心理学的主要对象,并提出人格结构的理论、人的"性欲"理论等。

3. 行为主义学派　行为主义心理学是1913年产生于美国的一个学派。其创始人华生(Watson)提出心理学研究的对象不应是意识,而应是人和动物的行为或对现实的顺应。他把S(刺激)-R(反应)作为解释行为的公式。否认遗传和本能,导致了他的环境决定论。

4. 人本主义学派　人本主义心理学产生于20世纪50年代末60年代初。其创始人是美国心理学家罗杰斯(Rogers)和马斯洛(Maslow)。他们主张心理学必须说明人的本质,研究人的尊严、价值、创造力和自我实现。他们反对行为主义只研究外显行为,也反对精神分析并自称为心理学"第三阵营"。

5. 认知学派　认知心理学是20世纪50年代后期产生于美国的一个学派。其创始人是美国心理学家奈塞尔(Neisser)。他1967年出版了第一部著作《认知心理学》,正式将认知心理学推上了心理学的历史舞台。他主张用信息加工、综合整体的观点研究人的复杂认知过程,博得了"认知心理学之父"的尊称。

由此可见,科学心理学的发展虽已遍及世界各国,但在具体理论和方法上各不相同,学派对立延续达数十年之久。

四、心理的实质

心理的实质主要涉及心理产生的物质器官是什么,心理活动的内容来源于哪里。这是从古至今一直争论不休的话题,也是人类认识史上重大的原则问题。科学心理学观点认为"心理是客观现实在人脑中的主观映象",可以从两个方面理解:心理是人脑的功能;心理是客观现实的反映。

(一) 心理是脑的功能

脑是心理活动的器官,这已被大量的动物实验和对人类临床观察证实,是人们经过长期的探索而得出的科学结论。

1. 从经典的解剖、生理学方法与知识来看,所有心理活动均与大脑不同部位有着直接联系。当人的大脑某一部位受到损伤时,其相应支配的心理活动和行为也会发生改变。1861年,法国外科医生布洛卡(Broca)解剖了一位失语症患者的脑,发现这个患者的大脑皮质的一个部位的神经细胞严重损坏,说明这个患者的失语症是由于他的大脑皮质受到损伤的缘故,从而证明人的语言表达能力与脑的一定部位有关,后来人们称这一特定部位为"布洛卡中枢",即运动性言语中枢。

2. 从物种发生进化史来看，心理是物质发展到高级阶段的产物。动物发展到一定阶段产生了神经系统，有了神经系统的动物就开始具有原始的简单的感觉即心理现象了。随着动物的演化发展，神经系统日渐完善，心理活动也相应地越来越丰富，越来越灵活。动物进化至灵长类，特别是从猿进化到人的过程中，在劳动和语言两种决定性因素的影响下，人脑发展到了特殊的阶段，成为一种结构上最为复杂，功能上极为灵活的"特殊物质"，用现代术语来讲，它是接收、加工和重现信息的器官，而且它的功能是当代任何先进的计算机都不可比拟的。据估计，一个人的大脑可以容纳全世界图书馆中全部藏书的信息量。各种动物和人的脑重与体重比较见表1-1。

表1-1 各种动物和人的脑重与体重比较

动物	脑重（g）	体重（g）	脑重/体重
鼠	0.4	200	0.002
熊	400	200 000	0.002
象	5000	2 500 000	0.002
犬	120	46 000	0.0028
猩猩	400	90 000	0.0044
人	1400	70 000	0.02

3. 从个体发生、发育过程来看，心理的发生和发展也是以脑的发育为物质基础的。大脑解剖学有关资料证明，新生儿的大脑皮质已分为六层，神经细胞的数量与成人相近；但皮质比成人薄，沟回比成人浅，脑重量也比成人轻。新生儿的脑重量为390 g，7个月可达660 g，2~3岁增加至900~1000 g，7岁时脑重达1280 g，12岁时与成人的脑重接近。一个人正是随着其脑的结构的不断发育，心理活动才得以不断完善和发展。

（二）心理是对客观现实的反映

人脑作为心理产生的器官，仅仅是心理现象产生的物质基础，其本身不能凭空产生心理活动。没有一定的客观现实作原料，人脑是无法加工出任何心理活动产品的。

1. 客观现实是心理活动的源泉 人的一切心理现象都是对客观现实的反映。如从认知的最基本心理活动——感觉而言，人的感觉器官和脑的感觉中枢具备了产生感觉的条件，但看到什么、听到什么、尝到什么，这些内容都不能由人的主观决定，而是取决于外界环境中的具体事物。其他心理现象也都不是无端产生的，都是由现实生活中的具体事物决定的。

2. 社会生活实践是心理活动产生的基础 科学心理学特别强调社会实践是人的心理活动的源泉和基础。长期脱离了人的社会实践，即使有着与常人同样的大脑，也不可能形成正常人的心理活动和心理特征。如印度狼孩卡玛拉被发现时，8岁左右的她只有相当于6个月婴儿的智力水平；回到人类社会生活了9年，到17岁死去时，其智力水平才达到3~4岁幼儿的水平。表明人的心理活动是人类社会实践的产物。

> **知识链接——狼孩的故事**
>
> 1920年，印度心理学家辛格在一个深山的狼洞中发现了两个女孩。其中一个大约七八岁，他为她取名卡玛拉。辛格夫妇将其送到孤儿院精心抚养，一心想让其恢复人性。开始，卡玛拉一身的狼性，吃饭喝水都是趴在地上舔，此习惯经过两年的矫正才改过来。卡玛拉已经10岁了，她还从死鸡肚子里掏肠子吃，晚上还抓着房门像狼一样嚎叫。她被带回来三年半，才刚刚学会直立行走。直到第六个年头，她走起路来还不如两岁孩子稳当，尤其一遇到惊吓，马上趴下"四蹄"逃跑。刚被带回来时她根本不会说话，经过两年的训练才学会4个词。直到17岁时死亡，她才学会45个词，智力水平才刚刚抵得上三岁半的孩子。

3. 人的心理是对客观现实主观、能动的反映　心理反映的内容是客观的，但这种反映不是被动的、消极的，也绝不像镜子反映物像一般呆板和固定。人对客观事物的反映是根据主体的需要、兴趣、活动任务而有选择进行的，这种反映具有主动性，个体的人格特征、心理状态、知识经验等都会对反映过程发生不同程度的影响。人的反映不仅能认识客观世界，还能积极主动地改造客观世界。在反映客观现实的过程中，个体还能根据实践的检验不断调整自己的行动，使反映更符合客观规律。这些都表现了心理反映的能动性。

第二节　医护心理学概述

一、医护心理学的概念

医护心理学（medical and nursing psychology）是心理学与医学、护理学相结合的一门边缘学科。这门学科是将心理学的理论知识和实验技术应用于医、护领域，研究心理因素在人体健康以及疾病的发生、发展以及预防、诊断、治疗与护理中的作用的科学。

二、医护心理学的研究任务

医护心理学的研究任务有：

1. 研究心理、社会因素在疾病的发生、发展过程中的作用　根据心身统一的观点，可以把人类的疾病分为三类：一为躯体疾病，二为心身疾病，三为精神疾病。在后两类疾病中，心理、社会因素不仅是致病或诱发因素，也可以表现在疾病的症状上，这类疾病的患者或多或少表现出某种程度的心理障碍。在第一类疾病中，心理、社会因素虽然不是直接的致病原因，但患病后不同的心理状态直接影响着疾病的进展，有的还会产生明显的心理障碍。医护心理学作为新兴学科，其研究重点就是心理、社会因素在各类疾病中发生、发展和变化过程中的作用规律。

2. 研究心理评估在疾病的诊断、治疗与护理中的作用　心理评估是医护心理学研究的重要内容，也是心理学的重要操作技能。通过心理评估可以帮助医护人员了解患者的心理状态和心理特征，弄清生物、心理和社会功能在患者身上的相互影响以及心理障碍的类型，评估心理治疗与心理护理的效果。

3. 研究运用医护心理学的原理达到防病治病、养生保健的目的　人的心理活动常伴有生理功能的变化，研究发现，人类经过训练，可以有意识地控制自己的生理功能。因此，可运用积极的认知行为的学习操练，通过大脑对人的生理功能发挥良好的影响。如放松训练、心理治疗、生物反馈等都是通过改善人的心理状态，调动大脑的自我调节机制，促进疾病的好转，增强社会适应能力，提高生命质量。

4. 研究患者心理活动的特点及实施最佳的心理护理　研究患者心理特点，针对患者一般心理反应和不同的心理特点，制订相应的护理计划，有的放矢地开展心理护理，以达到最佳的心理护理效果，促进整体护理水平和质量的提高。

三、医护心理学的基本观点

我国医护心理学工作者在多年研究的基础上提出了健康和疾病的基本观点，主要包括：

1. **人是一个完整系统的观点**　正常人体是一个完整的大系统，通过神经系统保持全身各系统、器官、组织、细胞活动的统一。在病理情况下，一个器官的病变必然会影响到其他器官或系统，甚至会影响到全身。因而任何在健康和疾病上只重视被分解了的各个器官或系统，忽视作为整体的人或患者，或者只将各个器官、系统割裂开来看待，忽视它们之间的整体联系，不但在理论上是错误的，而且在实践上也会延误患者的治疗，不能达到最佳的诊治效果。

2. **心身统一的观点**　一个完整的个体应包括心、身两个部分，两者是互相联系、互相作用的。心理行为活动通过心身中介机制影响生理功能的完整，生理活动也同样影响着个体的心理功能。因此在研究健康和疾病时，应同时注意心、身两方面因素的影响。

3. **社会对个体影响的观点**　一个完整的个体不仅是生物的人，而且是社会的人。自然环境因素如气候、污染及社会环境因素如文化背景、职业、家庭、经济状况、人际关系等都对人的心身产生影响。因此在研究个体的健康和疾病时，不仅要关注个体所处的自然环境，还要关注其社会环境。

4. **认知与自我评价的观点**　心理社会因素能否影响个体健康或导致疾病，不仅取决于社会因素的性质和意义，更主要的是取决于个体对外界刺激的认知和评价，即社会因素是通过心理中介机制来影响健康和疾病的。

5. **主动适应与调节的观点**　人作为一个整体要对社会环境、自然环境和个体的内环境随时做出适应性调整，以保持健康水平。在这一过程中，人不是被动的，而是通过一些主动的活动作出适应性努力，或改变社会环境和自然环境，或调整自己的认知，以适应变化了的环境，使个体与环境保持动态平衡。

四、医护心理学的研究方法

医护心理学作为心理学的一大分支，其基本的研究方法与心理学是相通的。但由于它又是一门应用科学，其研究方法也有许多临床特点，主要有以下几种：

1. **观察法**　指研究者通过对研究对象的观察，记录个体或团体行为活动情况，探讨心理行为变化规律的一种方法。观察分为自然观察和控制观察。前者指在不加控制的情况下，对个体的行为进行观察；后者是指控制被观察者的条件，或对被观察者作了某种"处理"后对其行为改变进行观察。该法的优点是简便、易行，可得到许多基本的、比较真实的资料。该法的不足是无法准确评定人内心的认知情感，常带主观性和偶然性。

2. 调查法　是指通过访谈、问卷等方式获得资料并加以分析研究的方法。该法的优点是简便、易行，不受时空限制，获得的信息量大。该法的不足之处是调查结果的可信度受被调查者影响大，如果被调查者持不合作态度则影响结果的效度，而且需投入较多的人力和时间，占用的资源较多。

3. 测验法　也称心理测验，是利用经过信度、效度检验的测量工具或量表来测量和评定个体的能力、态度、性格、情绪状态等心理行为的一种研究和诊断方法。心理测验种类繁多，必须严格按标准化程序规范实施，才能得出科学结论。心理测验作为一种有效的心理评估的定量手段在医护心理学研究中已被广泛应用。

4. 实验法　是在控制的条件下，实验者系统操纵自变量，观察因变量改变所受的影响，并做好详细观察记录，以探究自变量与因变量之间的因果关系的一种研究方法。这是科学研究中应用最广、成效最大的一种方法，常被用于对某一学说的证实和某种手段、方法的效果研究。

五、学习医护心理学的意义

学习医护心理学，对于一个医护工作者而言，应该说于人、于己，于工作、学习、生活均有裨益，具体体现在以下四个方面：

（一）可促进医、护事业发展

按照心身统一的观点，人是一个受生理、心理、社会等诸多方面综合影响的整体。人的健康与外界的自然环境、社会环境以及人体的内环境密切相关。

医护工作者学习心理学，在一定程度和范围内可以满足服务对象的心理需求和解决各种、各期患者的心理问题，从而有助于提升医、护工作的整体质量，以促进医、护事业的发展。

（二）可促进适应现代医学模式的变化

在生物-心理-社会医学模式的影响下，医护工作的服务对象不仅是患者，而且包括了亚健康人群和健康人群，服务范畴由医院发展到家庭和社区，服务的内容由生理扩展到心理、社会。因此，医护工作者学习心理学，正是为满足这一变化的需要，更好地为人类健康事业服务。

（三）有利于自身心理素质的提高

医护工作者学习心理学的重要任务之一就是运用心理学的理论、知识进行自我领悟、自我控制、自我完善，使自己具有良好的心理品质和健全的人格，以适应学习、工作并在生活中保持良好的心态，从而提高为患者服务的能力和水平。

（四）有助于与他人建立良好的人际沟通和心理相容

当今社会错综复杂，人们的思想有呈多元化趋势，而且人际交往日趋频繁，这就要求医护工作者在掌握心理学理论和知识的基础上，运用人际交往技巧，加强沟通、加深交流，从而使人与人之间相互理解、相互谅解，做到心理相容。

本章小结

1. 心理学是研究人的心理现象的发生、发展及其活动规律的科学。
2. 人的心理现象主要分为心理过程和人格两大部分，心理过程是指人心理活动的发生、发展过程，包括认识过程、情绪情感过程和意志过程；人格是指一个人的总的精神面貌，即具有一定倾向性的稳定的心理特征的总和，主要包括三个部分：人格倾向性、人格心理特征和自我意识系统。
3. 现代心理学诞生的标志是1879年冯特在德国莱比锡大学建立世界上第一个心理实验室。
4. 现代心理学的主要学派有：构造主义学派、精神分析学派、行为主义学派、人本主义心理学派、认知学派等。
5. 关于心理的实质的观点是：心理是脑的功能、心理是对客观现实的反映。
6. 医护心理学是心理学与医学、护理学相结合的一门边缘学科，是将心理学的理论知识和实验技术应用于医、护领域，研究心理因素在人体健康以及疾病的发生、发展以及预防、诊断、治疗与护理中的作用的科学。
7. 医护心理学研究的任务有：研究心理、社会因素在疾病的发生、发展过程中的作用；研究心理评估在疾病的诊断、治疗与护理中的作用；研究运用医护心理学的原理达到防病治病、养生保健的目的；研究患者心理活动的特点及实施最佳的心理护理。
8. 医护心理学的基本观点有：人是一个完整的系统的观点；心身统一的观点；社会对个体影响的观点；认知与自我评价的观点；主动适应与调节的观点。
9. 医护心理学的研究方法有：观察法、调查法、测验法、实验法。
10. 学习心理学的意义有：可促进医、护事业发展；可促进适应现代医学模式的变化；有利于自身心理素质的提高；有助于与他人建立良好的人际沟通和心理相容。

自测题

一、单项选择题

1. 现代心理学的奠基人是
    A. 罗杰斯　　　B. 弗洛伊德　　　C. 冯特　　　D. 奥尔波特
2. 心理现象包括
    A. 知、情、意三过程　　　B. 人格特质和人格倾向
    C. 能力、气质、性格　　　D. 心理过程和人格
3. "狼孩"虽有人的大脑但没有人的心理，这个案例告诉我们
    A. 心理是一种积极能动的反映
    B. 脑本身能产生心理活动
    C. 心理反映的内容来源于客观现实
    D. 脑提供了产生心理活动的物质基础
4. 医学模式的转变是指
    A. 生物医学向社会医学的转变
    B. 生物医学向心理医学的转变

C. 生物医学向生物-心理-社会医学的转变

D. 生物医学向预防医学的转变

5. 有关心理的实质，下列哪项描述是错误的

   A. 心理活动的器官仅为脑

   B. 心理活动的源泉是客观现实

   C. 心理活动是对客观现实主观能动的反映

   D. 心理活动是包括大脑在内的多个器官协同作用的结果

6. 下列哪项不属人的自我意识系统

   A. 自我认识　　　B. 自我控制　　　C. 自我体验　　　D. 自我超越

二、填空题

1. ＿＿＿＿年，美国心理学家华生创立了＿＿＿＿＿＿＿＿＿＿学派。

2. 学习医护心理学的意义有＿＿＿＿、＿＿＿＿、＿＿＿＿、＿＿＿＿。

三、名词解释

1. 心理学　　2. 医护心理学

四、简述题

试述医护心理学的基本观点。

（柳州医学高等专科学校　蓝琼丽　湖南环境生物职业技术学院　王利群）

第二章 心理过程

> **学习目标**
> 1. 掌握感觉、知觉、记忆、思维、注意、情绪情感、意志的概念。
> 2. 熟悉感觉、知觉的特征；思维、注意、意志的品质、情绪对健康的影响及情绪调节；艾宾浩斯遗忘曲线及遗忘规律，解决问题的思维过程。
> 3. 了解想象的概念及特征、情绪状态与意志过程。

心理过程是指人心理活动的发生、发展过程。具体地说，是指在客观事物的作用下，在一定时间内，大脑反映客观现实的过程，包括认知过程、情感过程和意志过程。这三者是相互联系、相互制约的关系。大千世界丰富多彩，绚丽多姿，人类通过认知过程、情感过程和意志过程对客观世界作出相应反应。人类认识客观事物主要是通过感觉、知觉、注意、记忆、思维、想象等认知活动来进行，在认知客观事物的基础上产生情感、情绪体验并引发相应的意志行为，而人们的认知活动也受情绪与意志的影响。

第一节 认知过程

一、感觉

（一）感觉的概述

1. **概念** 感觉（sensation）是人脑对直接作用于感觉器官的客观事物的个别属性的认识。人对客观世界的认识往往是从认识事物的个别属性开始的。通过感觉人们可以从外部世界，同时也可以从身体内部获取信息，如物体的颜色、大小、形状、气味、软硬感觉，还有身体的疼痛、饥饿、战栗感觉等。

2. **意义** 感觉是最简单的心理过程，在人类的现实生活中有极其重要的意义。首先，感觉提供了内外环境的信息。通过感觉人们可以认识事物的各种属性以及自身的状态。其次，感觉是保持信息平衡，维持正常心理活动的必要条件。人类要正常生活，就必须通过感觉获得各种适当的信息以保持机体与环境之间的平衡，任何信息过载（噪声及具有强烈生物学或社会性意义的刺激）和信息不足（感觉剥夺）都会破坏这些平衡，给人的生理和心理活动带来严重的不良影响。如长时间受噪声骚扰会影响人的情绪，易产生不安和疲倦，甚至引起失眠和脉搏、血压波动。再次，感觉是人类全部心理现象的基础，是认识客观事物的开端，是一切知识的来源。如果没有感觉提供的信息，人类其他较高级、较复杂的心理活动就无法进行。

知识链接——感觉剥夺实验

Bexton, Heron & Scott (1954, 加拿大麦克吉尔大学) 首次报告了感觉剥夺实验的结果。在实验中，被试者安静地躺在实验室的一张舒适的床上，两只手戴上手套，并用纸卡住。室内非常安静，听不到一点声音；一片漆黑，看不见任何东西。被试者的生活都由主试者事先安排好了，无须被试者移动手脚，总之，来自外界的刺激几乎都被"剥夺"了（图2-1）。实验开始，被试者还能安静地睡着，但稍后，被试者开始失眠，不耐烦，急切地寻找刺激，想唱歌，吹口哨，自言自语，用两只手互相敲打，或者用它去探索这间小屋。换句话说，被试者变得焦躁不安，老想活动，觉得很不舒服。实验中被试者每天可以得到 20 美元的报酬，但即使这样，也难以让被试者在实验室中坚持这种实验到 3 天以上。这个实验说明，来自外界的刺激对维持人的正常生存是十分重要的。

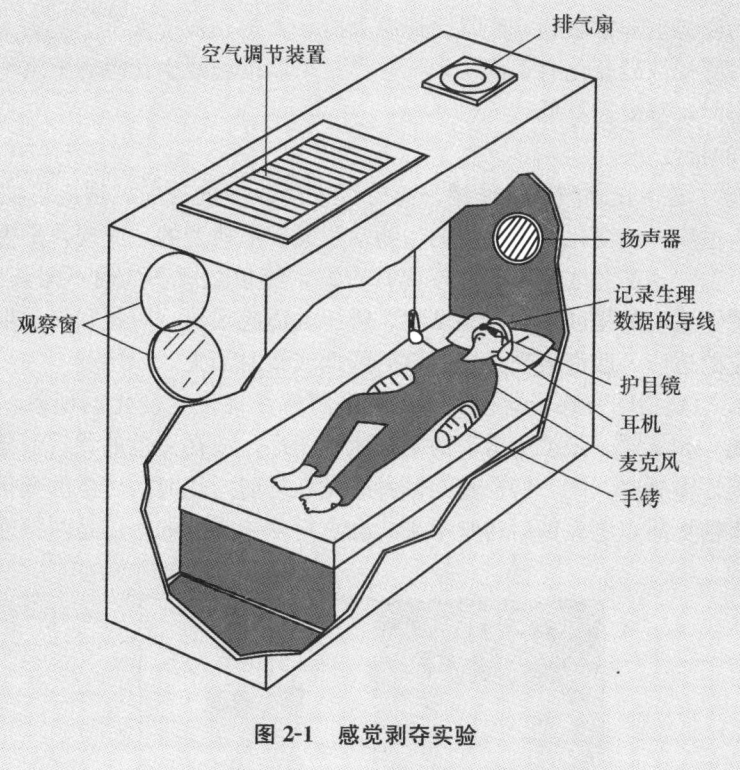

图 2-1 感觉剥夺实验

3. **种类** 根据刺激物的来源不同，感觉可以分为两类：①外部感觉，即人的感官对外部刺激物的觉察，如视觉、听觉、嗅觉、味觉和皮肤觉。皮肤觉又可细分为触觉、温度觉和痛觉。②内部感觉，即人的感官对内部刺激物的觉察，主要包括内脏觉、运动觉、平衡觉。内脏觉反映机体内部各器官所处状态，如饥、渴、胃痛等；运动觉感受身体运动与肌肉和关节的位置；平衡觉由位于内耳的感受器传达关于身体平衡和旋转的信息。

(二) 感受性和感觉阈限

感受性（sensitivity）是感觉器官对适宜刺激的感觉能力。感受性的高低是用感觉阈限来度量的，感觉阈限（sensory threshold）就是能引起感觉的最小刺激强度。感受性与感觉阈限成反比，感觉阈限越低，感受性越高。客观事物对感觉器官的作用叫刺激，生活中存在各种各样的刺激，并不是任何强度的刺激都能被人觉察到，如人们觉察不到落在皮肤上的灰尘。只有刺激达到一定强度时才能引起人们的感觉。那种刚刚能引起感觉的最小刺激强度称为绝对感觉阈限（absolute sensory threshold）。另外，那种刚刚能引起差别感觉的最小刺激强度称为差别阈限（differential threshold）。如 100 g 的重量再加上 1 g，人们感觉不到其重量的变化，但加上 3 g 后，可能觉察到重量的改变。

不同的人对刺激的感受性是不同的。年龄、身体状态、情绪状态、个人意向等因素对感受性都有明显影响。如人一生中的感受性随年龄增长呈现先上升后下降的变化，青年期达高峰，老年期感受性普遍下降，对视、听、味、嗅的感觉越来越迟钝，但对痛的感觉有上升的趋势。当人患病时，可能产生感觉异常，变得对声、光、温度等非常敏感，甚至对自己内脏的活动及身体的姿势也非常敏感，经常会抱怨太冷、太热、被子太沉、枕头太低等，因此医务人员应对患者感受性的变化有正确认识，并尽量采取措施减少让患者感觉不适的刺激。当人处于疲劳状态时，感受性降低。

(三) 感觉的特性

1. **感觉适应** 是指在刺激持续作用下感受性发生改变的现象。适应可使感受性提高或降低，这对于人适应环境变化有很重要的生物学意义。最典型的适应现象是视觉中的"明适应"与"暗适应"。"入芝兰之室，久而不闻其香；入鲍鱼之肆，久而不闻其臭。"是嗅觉适应现象。各种感觉适应的程度不同，温度觉、触压觉适应很快，听觉和痛觉难以适应。除视觉外，其他感觉的适应一般都表现为感受性的降低或暂时消失。

2. **感觉对比** 是指同一感受器接受不同刺激时感受性发生变化的现象，它可分为同时对比与继时对比。如从同一张纸上剪下的两张灰色图形，放在白色的背景上显得暗些，放在黑色的背景上则显得亮些（图 2-2）。这是两种感觉在同时对比时所产生的变化。如吃完苦药后再吃糖会觉得糖更甜，吃完糖后再吃苹果，会觉得苹果是酸的。这是两种感觉在继时对比时所产生的影响。

图 2-2 同时对比

3. **感觉后像** 外界刺激作用停止后，感觉还能暂时保留一段时间的现象叫感觉后像，如"余音绕梁"。如果感觉后像与刺激物的性质相同，这种后像叫正后像，如灯灭了留在眼睛里的还是亮的灯泡形象；如果后像的性质与刺激物的性质相反，这种后像叫负后像，如灯灭了留在眼睛里的是黑色的灯泡形象。

4. **感觉的相互作用** 是指在一定条件下,各种不同的感觉可能发生相互作用,从而使感受性发生变化的现象。如当人咬紧牙关或紧握拳头时,身体其他部位的疼痛感觉要轻一些;手术后伤口的疼痛在寂静的夜晚会有所加重;食物的温度及颜色可影响人对食物的味觉等。联觉是感觉相互作用的一种特殊表现,最明显的是色觉与其他感觉的联觉。如红色看起来觉得温暖,蓝色看起来觉得清凉。感觉相互作用的一般规律是:弱刺激能提高其他感觉的感受性,强刺激可降低其他感觉的感受性。

5. **感受性的发展与补偿** 人的感受性不仅可以在一定条件下发生暂时性的变化,而且能在个体实践活动和有意训练中获得提高与发展。由于每个人的生活和社会实践不同,人的各种感受性发展各不相同。由于职业的训练,可使某些人的某种感觉的感受性明显高于一般人。如专门织造黑色纺织品的工人能分辨出四十多种深浅不同的黑色;有经验的医生能听出心脏的各种杂音。丧失某种感觉能力的人,由于适应生活的需要,可以在生活实践中发展和提高其他健全的感觉来加以补偿。如盲人失去了视觉,其听觉和触觉可变得异常敏锐。可见,人的各种感觉能力有很大的发展潜力,通过练习可有明显的提高。

二、知觉

(一) 知觉的概述

1. **概念** 知觉(perception)是人脑对直接作用于感觉器官的客观事物的整体属性的认识。客观现实中的事物和人都有多种属性,当物体作用于人的感觉器官时,人能通过各种感觉器官的协同活动,在头脑中将物体的各种属性按其性质和相互关系进行整合,而形成这一事物的整体认识,这就是知觉过程。如当学生看到一张书桌时,能马上辨认出这是书桌。

知觉与感觉一样,是事物直接作用于感觉器官产生的,它以感觉为基础,但又不是个别感觉信息的简单总和,而是对感觉信息的整合和解释。一般认为,感觉是对刺激的觉察,而知觉是将感觉信息的特征加以提取加工,组织成有意义的事物的过程。知觉的产生不仅依赖于刺激物的物理特性,而且还需要借助人过去的经验或知识的帮助。所以,知觉是较之于感觉更高一级的认识活动。

2. **种类** 人们可以从不同角度对知觉进行分类。

(1) 根据知觉时起主导作用的感觉器官的不同,可将知觉分为视知觉、听知觉、嗅知觉、味知觉和触知觉等。

(2) 根据知觉对象的性质,可将知觉分为:①物体知觉:包括空间知觉、时间知觉、运动知觉。空间知觉是物体空间特性在人脑中的反映;时间知觉是人对客观事物的延续性和顺序性的反映;运动知觉是人对物体在空间位移和移动速度的知觉。②社会知觉:是关于个体对客观事物的社会性特征的知觉,包括对他人的知觉、人际的知觉和自我的知觉。

(二) 知觉的特性

1. **整体性** 知觉对象有许多个别属性,但人们并不把知觉对象感知为许多个别孤立的部分,总是在过去经验的基础上把事物的各个部分、各种属性结合起来知觉成为一个整体,这就是知觉的整体性(图2-3)。知觉的整体性取决于对象本身的特性,如对象的接近性、相似性、连续性、封闭性和规则性,同时也取决于个体的知识经验与主观状态。知觉的整体性

图2-3 知觉的整体性

提高了人们知觉事物的能力，使人对客观事物的认识更趋于完善。

2. 选择性　人们根据当前需要，有选择地以少数刺激物作为知觉对象进行组织加工，把它们与背景区分开来，对它们的感知格外清晰，这就是知觉的选择性。被选择的刺激物为知觉对象，而同时作用于感觉器官的其他刺激物就成了知觉对象的背景。如人们看电视时，电视屏幕成为当时知觉的对象，而电视机背后的墙面、电视柜上的其他物品就成了背景。知觉中的对象与背景的关系是相对而言的，在一定条件下，两者可以互相转换，如图 2-4 所示。知觉对象的选择与很多因素有关，其中的主观因素有：人的兴趣、需要、经验、情绪、注意的选择性等；客观因素有：刺激物的变化、对比、位置和运动等。一般说来，强度较大、色彩鲜明、组合规律、具有活动性的客观事物容易成为被选择的对象。知觉的选择作用能使人们的知觉既清晰准确，又完善丰富。

图 2-4　两歧图形

（资料来源：Rubin. 1915.）

3. 理解性　人在感知当前事物时，总是根据已有的知识经验来解释它、理解它，并用词把它标志出来，这就是知觉的理解性。不同的知识背景和理解力会影响人们对同一事物的知觉。如对患者拍下的 X 线片，放射科医师可以很快发现病灶所在部位，而一般人很难发现。另外，知觉者在不同情境下知觉同一对象，也可能会引起不同的知觉，这是由于不同的情境唤起了知觉者不同的经验所致，如图 2-5 所示。

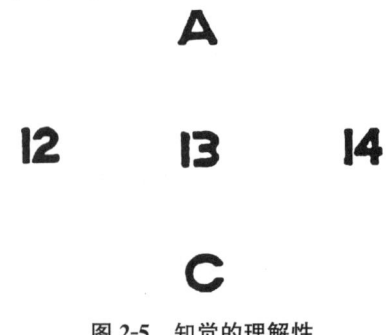

图 2-5　知觉的理解性

4. 恒常性　当知觉条件在一定范围内变化时，知觉的映象仍然保持相对不变，这就是知觉的恒常性。视知觉的恒常性最明显，如图 2-6 所示。知觉恒常性包括大小恒常性、形状恒常性、明度恒常性与颜色恒常性。恒常性在人的生活实践中具有重要意义，它能使人在不同情况下，按照事物的实际面貌反映事物，并根据对象的实际意义适应环境、改造环境。

图 2-6 知觉的恒常性

知识链接——错觉

错觉（illusion）是在特定条件下所产生的对外界事物歪曲的知觉，这种歪曲常有固定倾向，只要条件具备，它就必然产生。错觉有多种，视错觉最为明显，有图形错觉、大小错觉、长短错觉等（图2-7）。其他感觉通道错觉有形重错觉、方位错觉、运动错觉、时间错觉等。

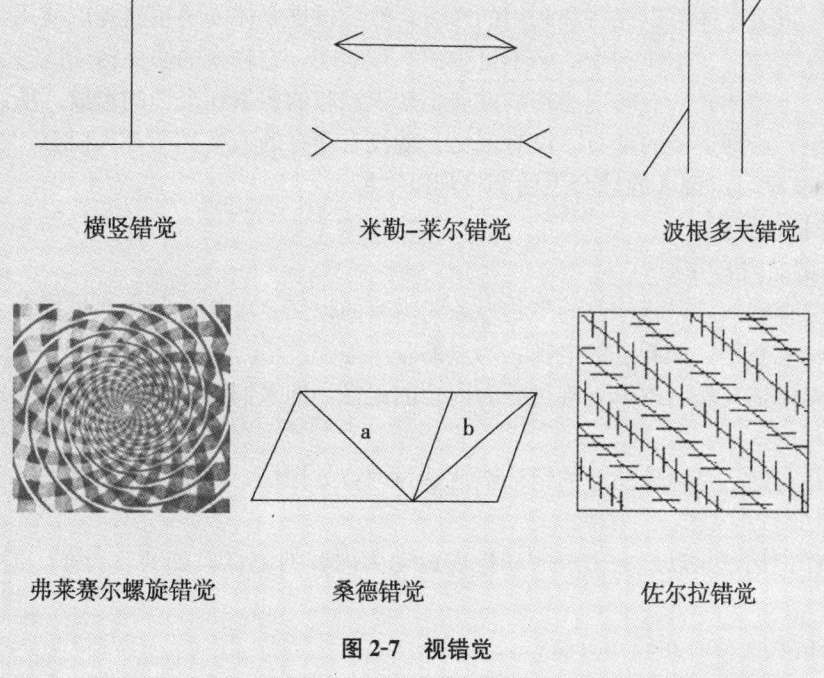

图 2-7 视错觉

（三）痛觉

疼痛（pain）是个体对现实刺激和已贮存的经验相互作用而产生的主观感受和体验。疼痛是机体组织受到伤害的一种信号，它提醒人们要对自我加以保护，因而是一种有益的警告，具有重要的生物学意义。

痛觉是临床最常见的症状之一，几乎每个人都有过疼痛的体验。痛觉不仅包含感觉成分，还包含有情感成分，并伴有自主神经活动改变和运动反应。如个体感受疼痛时常伴有紧张、焦虑、抑郁甚至恐惧等情绪变化，同时还有血压、心率、呼吸、汗腺等自主神经功能的改变，出现畏缩、逃避等运动反应。因此，疼痛与简单的感觉不同，它需要更高层次的脑部位参与，属于知觉范畴。

人们对疼痛的感觉有很大的差别，影响痛觉感受性的因素有：早期经验、对情境的认知评价、注意力、个人的情绪状态及人格特征。

三、记忆

(一) 记忆的概述

记忆（memory）是过去的经验在头脑中的反映。认知心理学认为，记忆是人脑对外界输入的信息进行编码、存储和提取的过程。凡是过去感知过的事物、体验过的情感、思考过的问题和从事过的活动，都会在人脑中留下不同程度的印象，在一定条件下，储存在头脑中的这些印象又可以被提取出来，参与当前的活动，得到再次应用，这个过程就是记忆。如过去的班主任，虽然不在眼前，但我们仍能记得他的音容笑貌，如果遇见还能认出他来。研究表明，记忆是一种积极能动的心理过程，人有选择地从外界摄入信息，并对其主动地进行编码，使其汇入头脑中已有的知识结构。外界的信息只有经历过这一系列加工后，才能在头脑中巩固下来，成为个体可以保持和利用的经验，然后根据个体需要重新提取使用。

记忆是人类学习、工作和生活必不可少的心理功能，它将人的心理活动的过去和现在以及将来连成一个整体，从而实现心理的发展、知识经验的积累和个性的形成。所以记忆是人类智慧的源泉，心理发展的基石。没有记忆，就没有现在的人类文明，人便会"永远处于新生儿状态"，甚至可以说人的社会生活都将难以维持。

(二) 记忆的分类

1. 根据记忆内容分类

（1）形象记忆　是以感知过的事物形象为内容的记忆。事物形象可通过视觉、听觉、嗅觉、触觉、味觉获得，如看过的电视、听过的音乐等。

（2）逻辑记忆　是以逻辑思维过程为内容的记忆，如人们对概念、定理、公式、法则等的记忆。

（3）情绪记忆　是以体验过的情绪或情感为内容的记忆，如对快乐、悲伤、愤怒、恐惧等体验的记忆。

（4）动作记忆　是以过去做过的动作或运动为内容的记忆，如骑自行车、游泳、铺床、输液等。

2. 根据信息保持时间长短分类

（1）瞬时记忆　又称感觉记忆。当外界刺激停止作用后，感觉信息有一个非常短暂的停留，这就是瞬时记忆。瞬时记忆的信息保持时间短，为 0.25~2s；信息存储容量大，形象鲜明，以视觉图像为主要编码形式，也有听觉编码，以感觉形式保持；如果这些信息受到进一步注意，则会进入短时记忆。如视觉后像就是瞬时记忆的典型例子。

（2）短时记忆　是在瞬时记忆基础上，信息保持 1min 左右的记忆。短时记忆信息保持时间为 1min 左右，信息储存容量有限，为 7±2 个单位。信息编码形式以听觉编码为主，也存在视觉编码和语义编码，以知觉形式保存。复述是信息保存的必要条件，转入短时记忆的信息经过复述可进入长时记忆。如临时查询的电话号码，拨过之后如不复述就会忘了，如果重复几遍就会将其记住。

(3) 长时记忆　是信息经过充分加工后，在头脑中保持很长时间的记忆。在长时记忆中，信息可能保存至终生，长时记忆的信息储存容量非常大，几乎是无限的，它保存着我们将来可以运用的各种事实、表象和知识。长时记忆中语义编码占主导地位，也有视觉编码，以存储形式保存。

三种记忆类型的关系见图2-8所示。

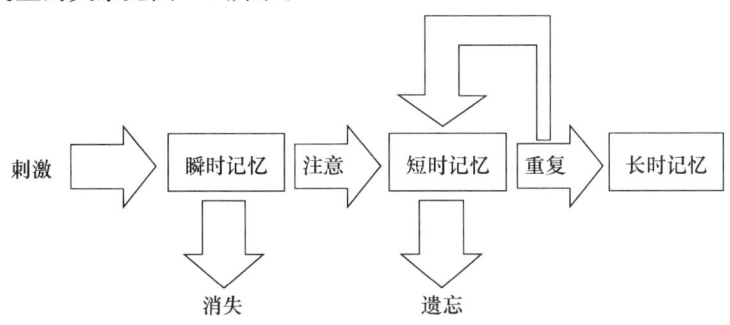

图2-8　三种记忆类型的关系图

(三) 记忆的基本过程

记忆的基本过程包括识记、保持、再认或回忆三个基本环节。从信息论的观点来看，记忆就是对输入信息的编码、储存、提取的过程，任何外界信息只有经过这些过程才能成为个体可以保持和利用的经验。

1. 识记　是把感知过的事物有选择地在头脑中铭记的过程。用信息加工论来解释，识记就是对信息进行编码并向大脑输入的过程。它是记忆过程的开端，又是保持和回忆的前提。识记可有不同的分类：

(1) 根据有无明确目的和努力程度，可将识记分为无意识记和有意识记。①无意识记：指无预定目的，无需主观努力的识记。如有些生活经验、流行歌曲、传说等就是通过这种方式记住的。无意识记获得的知识经验是片断的，不能成为系统的知识经验。人要获得系统的科学知识，仅靠无意识记是不行的，必须进行有意识记。②有意识记：指有预定目的，需主观努力的识记。这在系统学习科学文化知识过程中用得比较多。心理学的实验证明，有意识记的效果优于无意识记。

(2) 根据记忆材料的性质理解，可将识记分为机械识记与意义识记。①机械识记：是根据材料的外在联系，主要依靠机械地重复所进行的识记，如人名、地名、电话号码等的识记。②意义识记：根据材料的内在联系，在理解的基础上所进行的识记，大多数知识是通过这种识记积累。实验证明，在识记的速度、全面性、精确性和巩固性等方面，意义识记都比机械识记效果好。

2. 保持　是感知过的事物在人脑中储存、巩固的过程。保持是记忆的中心环节，是再认和回忆的重要保证，没有保持就无所谓记忆。

保持是一个动态变化的过程，这种变化表现在质和量两个方面。从量的方面讲，保持的信息随时间推移而逐渐减少；从质的方面讲，有的信息变得更简要，有的信息更丰富充实，有的相似内容相混淆了。记忆保持内容的最大变化是遗忘。

3. 再认或回忆　是指人从头脑中提取信息的过程。这个过程是衡量记忆巩固程度的重要指标。再认是指感知过的事物再次出现在眼前，能被识别出来的过程。回忆又称再现，是过去感知过的事物不在眼前，但能在头脑中重新出现的过程。如考试时，做选择题属于再认，回答名词解释属于回忆。再认是一种比回忆水平低的心理现象。根据回忆有无预定目的，可将回忆分为有意回忆与无意回忆，如"触景生情"属于无意回忆，而工作汇报则属于有意回忆。

（四）遗忘

1. 概念　遗忘（forgetting）是指对识记过的事物不能再认与回忆，或再认与回忆有困难。遗忘是人们生活中的正常现象，可以让人忘记一些令人痛苦的经历，但也会使人忘掉一些需要保持的信息。遗忘有两种：不重新学习，永远不能再认或回忆叫永久性遗忘；一时不能再认或回忆，但在适当条件下记忆还可恢复叫暂时性遗忘。

2. 遗忘规律　艾宾浩斯的研究结果表明了遗忘进程的规律：遗忘的进程是不均匀的，在识记后的短时间内，遗忘的发展速度较快，后来逐渐缓慢，稳定在一个水平上。因而发现遗忘具有先快后慢的规律。

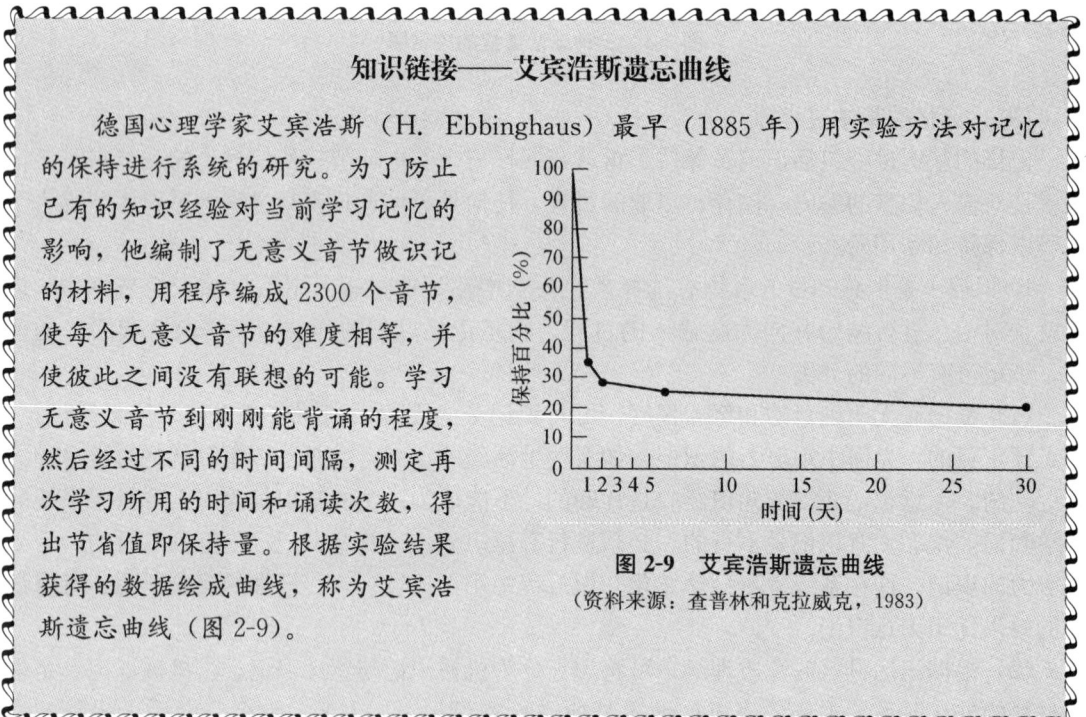

知识链接——艾宾浩斯遗忘曲线

德国心理学家艾宾浩斯（H. Ebbinghaus）最早（1885年）用实验方法对记忆的保持进行系统的研究。为了防止已有的知识经验对当前学习记忆的影响，他编制了无意义音节做识记的材料，用程序编成2300个音节，使每个无意义音节的难度相等，并使彼此之间没有联想的可能。学习无意义音节到刚刚能背诵的程度，然后经过不同的时间间隔，测定再次学习所用的时间和诵读次数，得出节省值即保持量。根据实验结果获得的数据绘成曲线，称为艾宾浩斯遗忘曲线（图2-9）。

图2-9　艾宾浩斯遗忘曲线
（资料来源：查普林和克拉威克，1983）

自此实验以后，艾宾浩斯以及许多学者对遗忘进行了研究。除证明了艾宾浩斯遗忘曲线揭示的规律外，还揭示出遗忘的进程不仅受时间因素的影响，还受其他一些因素的影响。主要有：①识记材料的性质：有意义的材料比无意义的材料遗忘较慢；熟练的动作、运动的或形象的材料保持的时间比较长等。②识记材料的数量：一次识记材料数量越大，识记后遗忘的也越多。比如1 min记5个外语单词，20 min后可能保持3~4个，但如果1 min记10个单词，20 min后可能保持更少。③识记程度：一般认为，学习程度达到刚刚背诵时效果最差，过度学习了的材料保持最好。实验证明，过度学习150%时效果最佳。④材料的系列顺序：一般是材料的首尾容易保持，中间部分容易遗忘。⑤识记者的因素：对人们意义不大的，引不起人们兴趣的，不符合人们需要的事物容易遗忘。情绪对记忆的影响强度取决于情绪类型、强度和记忆的信息内容。积极情绪比消极情绪更有利于记忆，强烈的情绪体验能导致异常生动、详细、栩栩如生的持久性记忆。

知识链接——遗忘的原因

衰退说　认为遗忘是记忆痕迹得不到强化而逐渐减弱以致最后消退的结果。有些实验已证明，干扰是造成短时记忆和长时记忆遗忘的重要原因。

干扰说　认为遗忘是因为记忆痕迹受到其他刺激的干扰而产生了抑制。干扰又可分前摄抑制与倒摄抑制两种：前摄抑制指先学习的材料对后学习的材料的干扰作用；倒摄抑制指后学习的材料对先学习的材料的干扰作用。

压抑说　认为遗忘是由于情绪或动机的压抑作用引起的。如果这种压抑被解除，记忆就能恢复。

提取失败说　有的研究者认为，存储在记忆中的信息是永远不会丢失的，遗忘是因为没有找到适当的提取线索造成的信息提取失败。

（五）记忆的品质

人们通常以记忆品质来衡量人的记忆力的优劣。一般来讲，良好的记忆品质表现在以下几个方面：

1. **记忆的敏捷性**　指记忆的速度和效率特征。对同一材料，有的人能"过目不忘"，有的人却需要反复念上好几遍方能背诵。

2. **记忆的持久性**　指记忆在头脑中保留时间的长短，是记忆的保持特征。记忆持久性好的人，能将识记的材料保持很久，有的甚至终生不忘。对大多数人，记忆的敏捷性与持久性是呈正相关的，但也有少数人不呈正相关。

3. **记忆的准确性**　指记忆内容正确与否，是记忆的正确和精确特征。这是记忆的一个重要品质。护理工作烦琐复杂，如果护士的记忆准确性不强就很容易出差错事故。一个人的记忆不精确，那么其他记忆品质再好也没有什么意义。

4. **记忆的准备性**　指对所记忆信息的提取能力，是记忆的提取和应用特征。记忆准备性好的人，能在需要时迅速、灵活地提取保存的信息，加以运用。如护士在抢救患者时能迅速地找到所需药品。

（六）提高记忆力的方法

记忆是学习的重要基础。记忆与遗忘都有一定的规律可循，如果掌握了记忆的规律，学会组织信息的策略和方法，通过不断地练习和实践，每个人都能使记忆能力有所提高。提高记忆可以从以下几方面着手：

1. **明确目的**　记忆的目的越明确、越具体，记忆的效果越好。

2. **培养兴趣**　积极的情绪和独立的思维活动能增强记忆的效果。对识记材料越有兴趣，就越能激发个体的积极情绪，促使个体积极地思维，从而促进记忆的保持。

3. **减少干扰**　学习时注意力越集中，对识记材料产生的印象越深刻，记忆效果越好。

另外，尽量将两种相似的学习材料错开学习，以减少前摄抑制和倒摄抑制的干扰。

4. 加强理解　理解是记忆的基础，尤其是对某些公式、原理、定义理解越深，记忆越牢固。因此在学习过程中要力求理解，融会贯通。

5. 及时复习　由于遗忘的规律是先快后慢，因此复习必须及时。这样可以减少在接受新信息后发生的快速遗忘，收到事半功倍的效果。

6. 合理用脑　注意劳逸结合，在紧张的脑力劳动期间安排适当的休息和户外活动，补充营养，以保持充沛的精力和清醒的头脑。

7. 方法适当　对不同的学习材料运用不同的记忆方法，如地点法、韵律法、归类法、联想法、组块法及动员多种感官参与等，可以提高记忆的效率。

四、思维

(一) 思维的概述

1. 概念　思维（thinking）是人脑对客观事物间接的、概括的反映。思维和感知觉、记忆一样，都是对客观现实的反映，是认知活动的高级形式。通过思维人们可以进一步认识事物的本质特征，找出事物之间的本质联系和规律性。如医护人员巡视病房时，发现某患者面色苍白、呼吸急促、四肢湿冷、脉搏细速，马上会想到患者可能休克了。虽然这时并没有给患者测血压，但其运用已有的知识经验（休克患者会有这些典型表现），对感觉到的现象（面色、呼吸、皮温、脉搏）在头脑中进行了加工、处理，提出假设，检验假设，推断出这个患者可能处在休克状态，这个过程就是思维。

2. 思维的特征

(1) 概括性　是指对客观事物的共同特征和内在规律的本质认识。思维的概括性表现在两个方面：①思维是对一类事物共同的本质特征的认识。如流脑、乙肝、伤寒在临床表现和临床检验上来看是完全不同的疾病，但它们有一个共同的本质的特征，都属于传染病。②思维是对事物之间本质联系和关系的认识。如严重内出血的患者能抽到血性腹水，这是医生在积累丰富的临床经验后，通过思维找到的事物之间的本质联系。思维的概括性使人的认识活动摆脱了对具体事物的局限性和对事物的直接依赖性，扩大了人们认识的范围和深度。概括性的水平反映着思维的水平，它是人们形成概念的前提，也是思维活动得以进行的基础。人们的认识水平越高，对事物的概括水平也越高。

(2) 间接性　是以其他事物为媒介来获得对客观事物的认识。如护士通过体温计能测知患者是否发热。正是由于思维的间接性，人们才可能超越感知觉提供的信息，认识那些没有直接作用于人的感官的事物及其属性（如原子核内部的结构），从而揭示事物的本质和规律，实现对未来的预测（如天气预报）。

思维的间接性、概括性是凭借语言得以实现的。如果没有能代表一般事物及其本质特征的词，思维就无法进行。人能借助语言进行思维是人与动物思维的最本质的区别，人类思维的高度发展与人类语言的高度发展是分不开的。除了语言之外，人类思维还可以借助其他工具，如表象和动作。

(二) 思维的分类

1. 根据思维的形式分类

(1) 直观动作思维　指依据实际行动来解决具体问题的思维过程。这是 3 岁前的幼儿的主要思维方式。如幼儿利用掰手指来数数，就是典型的直观动作思维。

(2) 形象思维　指人们利用头脑中的具体形象（表象）来解决问题的思维过程。如让小孩计算5个苹果，吃掉1个，还剩多少个苹果时，在他的头脑中就会出现5个苹果被吃掉1个的表象，这样的思维就是形象思维。这是3~7岁的学龄前儿童的主要思维方式。艺术家、作家、导演、设计师等进行创作时更多的也是运用形象思维。

(3) 逻辑思维　指运用概念来进行判断、推理以解决问题的思维过程。如医生诊断疾病，护士运用护理程序，学生学习科学文化知识等都需要运用逻辑思维，它是人类思维的典型形式。

2. 根据思维的方向分类

(1) 聚合思维　又称求同思维，是把解决问题所提供的各种信息集中起来得出一个正确答案的思维。它是一种有方向、有范围、有条理的思维方式。如医生根据患者的临床表现、体格检查、实验室检查的结果给患者诊断疾病的过程。

(2) 发散思维　又称求异思维，是指解决一个问题时，思路朝各种可能的方向扩散，从多方面寻求多样性答案的思维活动。如护士为了给患者降温，可以使用冰袋、乙醇擦浴、灌肠等方法。

3. 根据思维的创造性分类

(1) 再造性思维　又称习惯性思维，是指人们根据已有的知识经验，按现成的方案和程序直接解决问题。如有经验的护士会让骨折的患者睡硬板床。

(2) 创造性思维　是重新组织已有的知识经验，提出新的方案或程序，并创造出新的思维成果的思维活动。创造性思维是多种思维的综合表现。创造性思维是人们创造、发明、想象、设计、假设出新的概念、想法或实物的心理活动。如爱因斯坦提出的相对论。创造性思维具有以下特征：①敏感性，即容易接受新现象，发现新问题。②流畅性，即思维敏捷，反应迅速，对于特定的问题情景能够顺利地做出多种反应或答案。③灵活性，即具有较强的应变能力和适应性，具有灵活改变思维定向的能力，能发挥自由联想。④独创性，即产生新的非凡的思想的能力，表现为产生新奇、罕见、首创的观念和成就。⑤再定义性，即善于发现特定事物的多种使用方法。⑥洞察性，即能够通过事物的表面现象，认清其内在含义、特性或多样性，进行意义交换。

（三）思维的过程

思维是通过一系列复杂的思维操作实现的。常见的思维操作主要有以下几种：

1. 分析与综合　分析是指在头脑中把事物的整体分解为各个部分或各个属性的过程。如把一台水银血压计分解为水银测压计、输气球、袖带等。综合是指在头脑中把事物的各个部分、各个属性、各个特征组合成一个整体的过程。如一个长期卧床的患者受压部位出现红、肿、热、触痛，护士可以初步确定为压疮形成。

分析与综合是思维的基本过程，任何思维活动既需要分析，也需要综合。它们是彼此相反而又紧密联系在一起的不可分割的两个方面。

2. 分类与比较　分类是按事物的不同属性进行区别归类。比较是把各种事物或同一事物的不同部分、个别方面或个别特点加以对比，确定它们的异同及它们之间的关系。比较实质上是一种更复杂的分析和综合。没有比较就没有鉴别，人就无法正确地认识事物，做出恰当的判断。如稽留热与弛张热是两种不同的热型，它们的主要区别是稽留热每日温差不超过1℃，而弛张热每日温差则在1℃以上，根据热型的不同可以帮助我们鉴别诊断属于何种发热性疾病。

3. 抽象和概括　抽象是在头脑中抽出各种事物与现象的共同特征和本质属性，舍弃个别特征和非本质属性的过程。如从各种各样的笔的不同属性中我们抽象出"笔都可以写字"这一本质属性。概括是在头脑中把抽象出来的共同特征和本质属性综合起来，并推广到同类事物中去的思维过程，如"所有能写字的工具都是笔"。

（四）解决问题的思维过程

解决问题是指由一定情景引起，按照一定目标，应用各种认知活动、技能等，经过一系列的思维操作，使问题得以解决的过程。

1. 解决问题的基本阶段　解决问题的思维过程可分四个阶段：

（1）发现问题　解决问题首先必须发现问题。发现问题是认识到问题的存在或出现，并产生解决问题的需要和动机的过程。而发现问题的前提是善于收集资料，评估资料。如护士对新入院的患者进行入院评估就是为了发现问题。在现实生活中存在各种各样的问题，是否善于发现问题，与一个人的态度、求知欲、知识经验有关。责任心强、求知欲旺、经验丰富、勤于思考的人容易从收集的各种资料中发现问题。

（2）分析问题　分析问题就是在正确评估资料的基础上，找出问题的核心与关键，将问题明确或具体化的过程。如在新患者的诸多问题中最常见的有不适应新环境的问题。只有全面系统地分析有关资料，才容易发现问题的关键所在。分析问题越透彻，提出的问题越准确。分析问题的能力与人的知识经验有关。

（3）提出假设　提出假设就是找出解决问题的方案、策略或途径，这是解决问题的关键。这个方案是针对所提问题，尝试性地、有选择性地设计解决这一问题的途径、措施及原则等。如护士可以采取热情接待新患者、向患者介绍医院规章制度、介绍医院环境、介绍负责医生和护士、介绍同室病友等措施来帮助患者解决不适应新环境的问题。

（4）检验假设　是通过实际活动或思维操作验证所提假设是否能够真正解决问题。验证的方法可以是实践检验，也可以是通过智力活动来检验。如果问题能够成功地解决，证明这个假设是正确的，否则，假设就是错的，就需要寻找新的方案，重新提出假设。如上述措施能使患者迅速适应医院环境，护士就能证明这些措施是有效的。否则，就需要采取新的措施。

在护理工作中，常常会遇到许多复杂的问题，如何顺利地解决这些问题，这就需要护士运用解决问题的科学的思维方法。实际上护理程序就是一种科学的解决问题的工作方法。评估是为了发现问题，确定护理诊断是找出需要解决的问题，制订护理计划就是提出假设的过程，最后通过实施计划及评价来检验假设的正确性。

2. 影响问题解决的心理因素

（1）问题表征的方式　表征指客观事物在头脑中的呈现方式。同一事物或问题由于表征的方式不同，在理解上会出现很大差异，因而会影响问题的解决。如9点连线图的问题（图2-10），实验要求用4条直线将图中的9个点一笔连在一起。人们往往不能顺利地解决这个问题。这是因为9个点在知觉上构成了一个方形，这种表征方式阻碍了问题的解决。

（2）无关信息的干扰　人们在解决问题时还常常受到无关信息的干扰。如有人问：小王家兄弟五个，都未婚，他们每个人都有一个姐妹，如果把王妈妈也算在内，他们家有几个女人？这是个很简单的问题。但它却使多数人费了很多思考。这是因为人们把兄弟的数目用在了计算中。研究发现人们经常错误地

图2-10　九点图

假定:问题中所给出的条件或数字在解题中都有用。因此,总是想办法去利用这些信息。掌握了这个规律,人们在解题时就应该注意筛选那些有用的信息,尽量排除无关信息的干扰。

(3) 功能固着 另一个常见的解题障碍是功能固着,即人们习惯把某种功能牢固地赋予某一事物的倾向。如在说到衣服的作用时,人们通常只想到它是用来保暖、装扮的,其实它还可以用来灭火、遮阳、包东西。这种功能固着现象有时会限制人们的思维和解决问题的能力,不利于人们灵活、变通地解决问题。

(4) 定势 是指重复先前的心理操作所引起的对活动的准备状态。这种准备状态有时有助于问题的解决,有时会妨碍问题的解决。陆钦斯定势实验就证明了这点。

知识链接——陆钦斯定势实验

1942年陆钦斯(Luchins)曾做过一个著名的实验,实验要求被试用大小不同的容器量出一定量的水,用数字进行计算(表2-1)。实验分两组:实验组从第1题做到第8题,控制组只做第6~8题。结果实验组在做第1~8题时,习惯用B-A-2C的方法计算,称间接法。控制组在做第7~8题时100%地采用简便的计算方法:A+C或A-C,称为直接法。实验表明:实验组的人在做第7~8题时,受到了前面解题的定势影响,而控制组的人未受影响(表2-2)。

表2-1 陆钦斯定势实验

课题序列	容器的容量 A			要求量出的容量 D
1	21	127	3	100
2	14	163	25	99
3	18	43	10	5
4	9	42	6	21
5	20	59	4	31
6	23	49	3	20
7	15	39	3	18
8	28	76	3	25

表2-2 陆钦斯定势实验结果

组别	人数	间接法正确解答(%)	直接法正确解答(%)	方法错误(%)
实验组	79	81	17	2
控制组	57	0	100	0

(5) 迁移 是指已获得的知识、技能和方法对解决新问题的影响。这种影响可能产生积极的、有利的作用,叫正迁移,如举一反三、触类旁通;也可能产生消极的、不利的作用,叫负迁移,如方言口音太重可能影响普通话的正确发音。

（6）动机　人们对活动的态度、社会责任感、求知欲等，都可以成为发现问题的动机，影响到问题解决的效果。动机的强度不同，对解决问题的影响大小也不同，即动机太强或太弱都会降低解决问题的效率，中等强度的动机最有利于问题的解决，根据伯奇的研究，动机的强弱与解决问题的关系呈"倒 U 形"曲线。

（五）思维的品质

良好的思维品质包括以下几个方面：

1. 思维的广阔性　又称思维广度，指善于全面分析问题，顾全大局的思维特性。既看到问题的普遍性，又看到问题的特殊性。具有思维广阔性的人能很好地把握事物的整体及各事物之间的联系。人的观念、知识面、兴趣及思维方式都对思维的广阔性有影响。如思维广阔性较好的护士在确定护理诊断时，不会只局限于患者生理方面的反应。

2. 思维的深刻性　又称思维深度，指善于透过表面现象，深入问题的本质，抓住问题的关键。深刻性强的人不易被事物的表面现象所迷惑，看问题能"入木三分"，总能把握住问题产生的真正原因，发展规律及问题的实质。

3. 思维的灵活性　指在思维过程中，思维活动迅速、果断、应变能力强。思维的灵活性是以深刻、成熟的思维品质为前提的，是建立在科学的思维基础之上的，否则就是思维草率。在医疗和护理工作中非常需要思维的灵活性，尤其是在抢救危重患者时。

4. 思维的独立性　指善于独立思考问题，提出个人的见解，富有开拓和创新精神。缺乏独立性的人常常人云亦云，或盲从迷信，或自以为是。医生在决定医疗方案及护士在运用护理程序的过程中常常需要独立决策，因此培养思维的独立性对医护人员来说很重要。

5. 思维的批判性　指在思维的过程中不受别人暗示的影响，能严格而客观地评价、检查自己和别人的思维成果的思维特性。具备思维批判性的人能深刻认识事物的本质，明辨是非，坚持真理。

6. 思维的逻辑性　指思维的过程能严格遵守逻辑规律或规则，思路连贯流畅、条理清晰、层次分明、概念准确的思维特性。思维的逻辑性能帮助医生从纷繁的资料中理出头绪，做出正确的医疗诊断。

五、想象

（一）想象的概述

1. 概念　想象（imagination）是对头脑中已有的表象进行加工改造而形成新形象的心理过程。这是一种高级的认知活动。如《西游记》中的孙悟空、猪八戒等人物形象的创造。想象不是凭空产生的，想象的素材是表象。表象（image）是人脑对以前感知过的事物形象的反映，是过去感知过的事物痕迹的再现。

2. 意义　爱因斯坦曾说过："想象力比知识更重要，因为知识是有限的，而想象力概括着世界上的一切，推动着进步，并且是知识的源泉。"因此想象对科学的发展，人类的精神生活，人类的学习和进步都是非常重要的。具体表现在：①想象的预见作用，人们通过想象可以预见活动的结果，指导人们活动进行的方向；②想象的补充作用，生活中有许多事物是人们不能直接感知的，如远古的人类生活，宇宙间的变化。但想象能丰富人们的认知，扩大人们的视野，弥补这些知识经验的不足；③想象的替代作用，当人们的某些需要因条件限制不能满足时，人们可以通过想象的方式得到满足。如未亲自去过庐山的人，通过诗人李白

"日照香炉生紫烟,遥看瀑布挂前川。飞流直下三千尺,疑是银河落九天。"的诗句,同样可想象到庐山瀑布那种气势磅礴,景色壮观的景象。

(二) 想象的种类

1. **无意想象** 是一种没有预定目的,不自觉的想象。无意想象是最简单、最初级的想象。如人们看见天上的浮云会自然地想象出各种动物。

2. **有意想象** 是根据一定目的,自觉进行的想象。如作家笔下那些栩栩如生的人物,就是通过有意想象创造出来的。根据想象的新颖性和创造性的不同,可分为再造想象、创造想象和幻想。

（1）再造想象　是根据言语的描述或图形的描绘,在头脑中形成新形象的过程。如通过朗读毛泽东的诗词《沁园春·雪》,没有去过北方的人也能想象出千里冰封、万里雪飘的北国风光。再造想象需要有充分的记忆表象作基础,表象越丰富,想象的内容也就越丰富。大部分人的有意想象都属于再造想象,它是人们接受知识、理解知识时不可缺少的条件。

（2）创造想象　是不依据现存的描述在头脑中独立创造出新形象的过程。如鲁迅先生创造的"阿Q"形象。创造想象具有首创性、独立性和新颖性等特点。创造想象对人类的实践活动具有极其重要的意义,一切科学发明、文艺创作、高新技术都离不开创造想象。总之,没有创造想象,就没有人类文明史。

（3）幻想　是指向未来,并与个人愿望相联系的想象。它是创造想象的特殊形式。如各种神话、童话中的形象都属于幻想。幻想可分为积极的和消极的两种。凡是符合事物发展规律,有可能实现的积极幻想,就叫理想。理想是在正确的世界观指导下产生的,它能激励人的斗志,鼓舞人的信心,推动人们努力工作。凡是与客观现实相违背,完全不可能实现的,就叫空想。空想往往使人脱离现实,丧失斗志,一事无成。

六、注意

(一) 注意的概念

注意（attention）是人的心理活动或意识对一定事物的指向与集中。注意的核心在于人对输入的刺激信息进行有选择的加工分析而忽略其他刺激信息。注意本身不是一个独立的心理过程,而是一种伴随感知、记忆、思维、想象等心理过程的一种心理状态。注意不仅是个体进行各种认知活动的重要条件,也是个体完成各种行为的重要条件。没有注意的参与,任何心理活动都难以顺利进行。

(二) 注意的特点

1. **注意的指向性** 是对心理活动的对象所做的一个选择和朝向。个体认识事物的能力是有限的,不可能同时关注一切事物,只能有选择地指向特定的事物。注意最基本的功能是对刺激信息进行选择,这种选择功能使人们从大量的信息中选择出重要的信息予以反映,同时排除掉无意义信息的干扰。

2. **注意的集中性** 是指个体在选择某个对象的同时,将心理活动或意识稳定在所选择的对象上,使反映达到清晰和完善的程度。如外科医生做手术时,他的注意力就会高度地集中在患者的手术部位和自己的手术动作上。

人在高度集中自己的注意时,注意指向的范围就缩小。这时他对其他无关的事物就会"听而不闻"、"视而不见"了。从这个意义上说,注意的指向性和集中性是密不可分的。

（三）注意的种类

根据注意有无目的以及是否需要意志努力，可以将注意分成无意注意、有意注意和有意后注意三种。

1. 无意注意　无意注意是指没有预定目的、也无需意志努力的注意。如大街上突然响起的警车或救护车尖锐的叫声所引起的注意。

引起无意注意的原因包括刺激物本身的特点以及个体本身的状态。刺激物的强度越大，新异性越强，与周围环境的对比性越大，越具有运动变化性，就越容易引起人们的注意。个体本身的状态、情感、需要、兴趣、过去经验等也起一定的作用。某些对个体有意义的异常微弱的刺激也能引起人们的无意注意。

2. 有意注意　有意注意是指有预定目的、需要一定意志努力的注意。它是在无意注意的基础上发展起来的，是人类所特有的心理现象。如护士为患者配药时所保持的注意。

影响有意注意的因素有活动的目的与任务、对活动的兴趣与认识、个体的知识经验、活动的组织、个体的人格特征及意志品质等。一般来说，活动的目的越明确、越具体，越容易引起和维持有意注意；有趣的事物容易引起有意注意；对比较新异的又和自己的知识经验有一定联系的事物，容易维持注意。一个性格顽强、坚毅的人，易于使自己的注意服从于当前的目的与任务。

3. 有意后注意　有意后注意是指有预定目的，但无需意志努力的注意。如熟练地骑自行车、织毛衣时伴随的注意。这是注意指向一个对象的后期出现的一种特殊形式。它同时具有无意注意和有意注意的某些特征。如开始织毛衣时需要特别注意防止织错，这是有意注意，以后慢慢动作熟练了，就不用意志努力特别注意它，只是花形复杂时或换针时稍加注意，这就是有意后注意，它和自觉的目的、任务联系在一起，在这方面，它类似于有意注意；但它不需要意志努力，在这方面，它又类似于无意注意。

有意后注意既服从当前的任务要求，又可以节省意志的努力，因此它对完成长期任务有积极的意义。关键是要对活动本身产生直接兴趣。

（四）注意的基本品质

1. 注意的广度　又叫注意的范围，是指在单位时间内所注意的对象的数量。注意的广度是可以测定的，用速视器进行测量，成人一般在0.1s内能注意到8~9个黑色圆点或4~6个没有联系的外文字母。注意广度受知觉对象特点的影响，知觉对象越集中、排列越有规律，注意范围就越广。另外，一个人的知识经验、知觉活动的任务也影响注意的广度。

2. 注意的稳定性　又叫注意的持久性，是指注意集中某一事物所持续的时间。一般人们集中注意的时间为10 min左右。注意的稳定性与个体差异和兴趣状态有关，也与训练有关。如外科医生能连续几小时全神贯注地做手术。

同注意的稳定性相反的状态是注意的分散，又叫分心。它是指注意离开了当前应当指向和集中的对象，而把注意指向无关刺激的现象。注意的分散可由无关刺激干扰或由单调刺激的长期作用引起；也可以由主观因素引起，如疲劳、情绪不稳等。

3. 注意的分配　是指在同一时间内把注意分配在两种或两种以上活动或对象上的能力。如护士在给患者注射时，要边推药边观察患者反应。注意分配的条件是：同时进行的活动中必须有一项或多项已达到自动化或部分自动化的程度（如推药），个体不需要再消耗认知资源，而能将注意集中在较为生疏的活动上。注意的分配能力可通过实践得到提高，知识经验越丰富、操作越熟练，注意的分配能力也会越强。

4. 注意的转移　是指根据新的任务，有目的地、主动地把注意从一个对象转移到另一个对象上来的能力。如正在配药的护士，听到患者的呼救，能马上投入抢救患者的活动，这就是注意的转移。注意转移的快慢和难易，在客观上取决于新事物的性质和原来注意的紧张度；在主观上取决于人的高级神经活动类型。

良好的注意品质应当是注意广度较大，注意稳定，分配能力强，又善于转移。正常人可以通过有意识地训练，使自己的注意品质得到改善。

（益阳医学高等专科学校　戴肖松）

第二节　情 绪 过 程

一、概述

（一）情绪与情感的概念

情绪（emotion）与情感（feeling）是人对客观事物是否符合主观需要而产生的态度体验。首先，客观事物是情绪、情感活动产生的基础，也就是说人不可能无缘无故地发生情绪和情感变化；其次，情绪和情感活动是以人的需要为中介，它反映的是客观事物与主体之间的需要关系，能够满足人需要的客观事物可以引起积极的情绪、情感体验，妨碍人们需要得到满足的客观事物引起消极的情绪、情感体验；再次，情绪和情感是对客观事物的态度的体验。

当个体对所感受到的外界客观事物的变化产生情绪、情感体验的同时，也会随之带来相应的生理变化和外部表现。

1. 生理变化　个体在不同情绪状态下发生的生理变化，人是不能主观加以控制的。情绪变化带来的生理变化表现主要有呼吸、心率、血压等变化。

2. 外部表现　个体发生情绪、情感变化时的外部表现主要表现为表情。表情又可分为面部表情、身段表情和言语表情。

（二）情绪与情感的区别

情绪与情感在心理学中的概念是相同的，但两者之间还是有一定的区别，具体表现在：

1. 从需要的角度来看，情绪往往与个体的生理需要是否获得满足相联系；而情感大都与人的社会需要相联系。

2. 从发生的角度来看，情绪发生较早，为动物和人类共有；而情感发生较晚，是人类特有的心理现象。

3. 从反映的角度来看，情绪带有情境性、不稳定性和易变性的特点，有明显的外部表现；而情感具有持久性、稳定性，并且外部表现不明显，往往蕴藏在人的内心。

二、情绪与情感的作用

情绪、情感是较为重要的心理活动，它对个体的影响和作用主要表现在：

1. 情绪、情感可以影响人的身心健康　现代医学心理学研究表明，积极愉快的情绪可使个体的生理活动处于积极活跃状态；积极的情绪还能使个体增强对疾病的抵抗力。而长期消极的负性情绪体验及对负性情绪的不表达可导致某些心身疾病的发生，如原发性高血压发病就与长期存在的紧张刺激有关,对负性情绪的不表达可成为癌症的易感素质。情绪、情感还可影响人的心理健康,如不良情绪体验是某些神经症及精神疾病的发病原因,如长期情绪紧张可导致神经衰弱的发生。

> **知识链接——情绪与健康**
>
> 澳大利亚的两位科学家 Sklar 和 Anisnan 做过一个实验,将条件完全相同的实验小鼠随机地分成两组:实验组和对照组。两组给予完全一样的饲养条件,同样定时定量的饲料,同样的饮水,在它们的饲料中都同时加入了微量的同种致癌物质。对照组给予舒适安逸的环境,实验组经常给予干扰和恫吓(不定时地敲打铁笼和在铁笼周围放猫等)。结果,实验组能够触摸到肿瘤块的时间为 12.6 天,对照组则平均为 22.5 天。调查表明,人类疾病 50%~80% 与不良心态、恶劣情绪有关。

2. 情绪、情感可以影响人的智力活动　积极的情绪有助于智力的发展,消极的情绪会抑制智力水平的提高。科学研究表明,情绪积极、乐观的儿童的智力水平要比情绪悲观、忧郁的儿童的智力水平高。

3. 情绪、情感是人的行为动力系统之一　愉快、平稳而持久的积极情绪能使人的大脑及整个神经系统处于良好的活动状态,它可以驱动人从事活动,并放大和增强其作用,从而更有力地激发有机体的行动,发挥潜能,提高人的活动效率。不良的心境、强烈的激情和应激状态下,情绪也可以阻碍人的行为。

4. 情绪、情感可影响人的社会交往和人际关系　情绪和情感具有传递信息、沟通思想的功能,情绪和情感的信号功能是通过表情来实现的,如微笑表示友好,点头表示同意,可以使得人际间关系和睦;相反,如果皱眉、怒目,会使得人际关系变得紧张。在人际交往过程中个体会产生相应的情感体验,这种情感直接影响和反映着人与人交往关系的亲近程度。当交往需要满足时,会产生肯定性的情感体验,同时,它也会对人际关系进一步发展起着促进作用。

三、情绪与情感的分类

(一)原始情绪(基本情绪)分类

所谓原始情绪是指人和动物共有的与本能活动相联系的情绪,也称基本情绪。近代关于情绪分类研究中,通常把快乐、愤怒、恐惧、悲哀列为四种基本情绪或原始情绪。

1. 快乐　快乐是指盼望的目标达到和需要得到满足之后而产生的情绪体验。快乐的程度取决于愿望满足程度、目的愿望突然达到的程度和意外程度。快乐按其程度不同可分为满意、愉快、欢乐、大喜和狂喜。

2. 愤怒　愤怒是由于外界干扰使愿望不能实现,致使紧张逐渐积累而产生的情绪体验。愤怒的程度取决于干扰的大小、次数。愤怒按其程度不同可分为不满意、生气、愠怒、激愤、狂怒等。

3. 恐惧　恐惧是指个体在面临并企图摆脱某种危险情境而又无能为力时产生的情绪体验。恐惧的程度可分为担心、害怕、惧怕、恐惧、恐怖等。

4. 悲哀　悲哀是指失去所盼望、所追求的东西时产生的情绪体验。悲哀的程度取决于所失去东西的价值，另外个体的意识倾向和个性特征对个体的悲哀程度也有重要影响。悲哀的程度可分为遗憾、失望、难过、悲伤、极度哀伤。

（二）情绪状态

1. 心境　心境是一种微弱、持久、带有弥散特点的情绪状态。如心情愉快时，干什么都有兴致；心情烦躁时，见谁都烦。

引起心境变化的原因可以是生活中的一般事件，如工作的顺逆、事业的成败、人际关系状况、生活环境、自然景色的变化、身体健康状况等；也可以是人体生物节律，如体力、智力、情绪的周期性变化；此外在实践中形成的理想、信念和世界观等个性心理倾向对心境的产生具有决定性的影响。

心境对人的工作、学习和生活有很大的影响。良好心境有助于个体积极性的发挥，克服困难，从而提高工作与学习的效率，并促进良好意志品质的培养；消极不良的心境则会妨碍工作和学习，影响身心健康。因此培养和保持良好的心境状态对个体有积极的意义。

2. 激情　激情是一种强烈、短暂、爆发式的情绪状态。如欣喜若狂、暴跳如雷等。

引起激情的原因可以是生活中的重大事件和强烈刺激，如亲人死亡或极端的喜悦；突发的意外变化；对立的意向和愿望冲突；过度的抑制和兴奋都可能导致激情的发生。

激情有双重作用，积极的激情是人行为的巨大动力；消极的激情可产生不良后果。因为在激情发生时，意识范围缩小，意识对行为的控制能力明显降低，理解力和判断力减弱，往往做出不理智的行为，甚至触犯法律的事情。

3. 应激　应激是出乎意料的紧急情况引起的情绪状态。现实生活中人们有时会遇到突然出现的事件或意外发生危险，为了应对这类突发的紧急情况，个体需要动员全部力量，而应激正是在这种高度紧张状态下引起的情绪体验。如突然发生的火灾、地震、交通事故等都会使个体处于应激状态。

应激对个体既有积极的作用也有消极作用。一般的应激状态是个体的一种保护和防御机制，积极的应激状态会使机体精力旺盛，思维清晰，动作敏捷，可"急中生智"，有利于个体摆脱困境。消极的应激状态，会使人意识模糊，注意和知觉的范围缩小，言语不规则，不连贯，行为动作紊乱。应激状态的延续能击溃人的生物化学保护机制，导致胃溃疡、胸腺退化等严重疾病，甚至发生临床休克或死亡。

（三）情感分类

人的情感调节着人们的社会行为，按其性质和内容概括为三类：

1. 道德感　道德感是人们运用一定的道德标准评价自身或他人行为时所产生的一种情感体验。如果自己或他人行为符合道德标准则产生满意、肯定的情感体验，如爱慕、敬佩、赞赏、热爱等；如果行为不符合道德标准则产生消极、否定的情感体验，如羞愧、憎恨、厌恶等。

道德感主要包括对祖国的自豪感和尊严感；对社会现象的正义感、对社会事务的义务感和责任感、对集体的荣誉感、对朋友的友谊感等。

2. 理智感　理智感是人对认识活动成就进行评价时所产生的情感体验。与人的认识活动的成就获得、需要兴趣的满足、对真理的探索追求及思维任务的解决相联系。人的认识活动越深刻，求知欲望越强烈，追求真理的情趣越浓厚，则人的理智感也越浓厚。

理智感的表现形式有对新对象的好奇心与新异感；对认识活动初步成就的欣慰高兴的体

验；对矛盾事物的怀疑与惊讶感；对下判断证据不足时的不安感；对科学的热爱、真理的追求；对偏见、迷信的憎恨等。理智感不仅产生于认识活动中，而且也是推动人们探索追求真理的强大动力。

3. 美感　美感是人对客观事物或对象美的特征的情感体验。它是由具有一定审美观点的人对外界事物美进行评价时产生的一种肯定、满意、愉悦、爱慕的情感。美感是人对审美对象的一种主观态度，是审美对象是否满足主体美需要的关系反映，因而随着个人的需要、立场、观点不同，随着主体和客观的关系不同，美的情感体验也不相同。

四、健康情绪的判断标准

（一）诱因明确

任何情绪的产生和发展，都是由明确的原因引起的，如高兴是因为遇到了喜事；悲伤是因为遇到了不幸的事；沮丧是因为遇到了挫折等。无明确原因出现的情绪变化或有确切原因并未引起相应的情感体验都是不正常的。如无缘无故的喜怒哀乐，莫名其妙的悲伤、恐惧，则是情绪不健康的表现。

（二）反应适度

正常健康的情绪反应，其情绪的强烈程度与引起情绪反应的客观事物的价值应相吻合，不能过分强烈，也不能过分冷淡。另外情绪反应的持续时间也应有度，情绪反应持续一段时间后应减退或消失。

（三）稳定且灵活

当一个人的中枢神经系统活动处于相对平衡状态，并且中枢神经系统活动协调灵活时，情绪比较稳定并且灵活。一般情况下，情绪反应开始时较强烈，随着时间的推移，反应逐渐减弱。如果一个人的情绪反应时强时弱，经常处于变化之中，抑或总是处于一种强度状态下，则说明情绪不健康。

（四）能自我调控

当个体处于消极情绪状态时能够采用恰当的方式进行调节和控制，这是健康情绪的特点。人的情绪是受自我调节和控制的，情绪健康的人应善于调控自己的情绪，能够惊不失色，喜不忘形；化消极情绪为积极情绪；化激情为冷静。

五、情绪的调控

（一）认识和了解自己情绪的特点

一个人情绪上的特点，往往与其气质和性格特征密切相关。因此，了解自己的气质与性格，对于认识和把握自己的情绪有着重要的意义。例如我们可以看到每个人的情绪表现都是不尽相同的。有的人脾气急，有的人则是慢性子，有的人风风火火，也有的人多愁善感。这些都与一个人的个性心理特征有直接的关系。此外，人的情绪特点往往与他们的成长经历和早期经验有关，这些成长经历和早期经验保留在人的潜意识中，对成年以后的情绪和心理活动会产生影响。除上述情绪的自我认识外，通过专业的心理测验工具是了解自己情绪状态的重要及科学方法。

> **知识链接——早期经验对情绪的影响**
>
> 心理学研究表明，在人的婴儿期乃至幼年期，失去家庭的关爱和父母照顾的儿童，会带来情绪上的伤害，并在以后的成长中产生不良的影响。一般而言，幼年时期或在以后的成长经历中，有比较平和、乐观的生活环境和经历的学生要比经历过挫折、创伤的学生在情绪上更趋于稳定和积极。

（二）提高对自己情绪的觉察能力

情绪属于一种自发性的反应，要用理智去控制它的发生很难，因此我们进行情绪管理的第一步，就是在情绪来临时，去观察并觉察自己到底处在什么情绪状态，并进一步分化辨识它，了解情绪发生的原因，恰当地表达出自己的感受。

1. 提高对自己情绪的觉察能力　及时觉察自己所处的情绪状态，也就是应时时提醒自己注意我现在的情绪是什么。只有当我们认清自己的情绪，知道自己现在的感受时，才有机会掌握情绪，而不会被情绪所左右。

2. 分析掌握表面情绪背后的真实情感受　由于情绪本身的复杂多变，我们所直接感受或表现出来的可能是已经包装或伪装的情绪，例如以生气的方式来掩藏内心受伤的感觉等，所以我们要学习分析并辨识我们真正感受到的情绪，而不被表面情绪所局限，忽略自己真正的需求或感受。将原本模糊、笼统的情绪，分化成比较具体、明确的情绪，也才能进一步了解情绪产生的真正原因，加以调节和控制。

3. 认清引发情绪的原因　情绪是外界刺激通过人们的认知评价之后产生的一种主观体验。影响我们情绪的因素既有外界刺激方面的原因，即客观原因，也有自身认知评价方面的原因，即主观原因。深入分析引起我们情绪的主观原因，了解情绪背后的想法和信念，可以帮助我们弄清楚是哪些想法或思考方式让我们产生了负性情绪。其实，如果想法是理性的，那么我们的挫折容忍力会比较高，即使事情不尽如人意，令人挫折、失望，但是还是可以忍受的。反之，如果想法是非理性的，就容易让我们产生比较强烈的负性情绪，增加不必要的困扰，对挫折容忍力也比较低，因此我们应该了解哪些想法是属于非理性的，避免非理性和扭曲的思考方式。

（三）负性情绪的释放与表达

人的任何一种情绪都有从产生、发展达到高潮，最后减弱、消失的过程，当明确意识到自己处在负性情绪状态时可有意识地采用一些方法将负性情绪及时释放与表达出来，负性情绪对个体的影响也会减弱、消失。如剧烈的体育运动、呐喊、唱歌、跳舞、哭泣（悲伤时的眼泪中所含的一些蛋白质对人体是有害的）、倾诉等。有条件的情况下还可向专业心理医生寻求帮助。此外，主动去做一些有意义并且自己感兴趣的事情，可从中获得成就感，也会对负性情绪有调节作用。

（四）学习掌握自我放松的方法

学习一些专门的自我放松方法如肌肉放松法、呼吸放松法、冥想放松方法和音乐放松方法，可更为有效地调整和控制自己的情绪。还可以通过打太极拳、练瑜伽等保持情绪稳定，减缓焦虑、紧张不安反应。

> **知识链接——情商**
>
> 　　情商又称情绪或情感商数，用 EQ 表示，它是 emotional quotient 的缩写。有的研究表明，一个人成功与否的关键不取决于天资如何而取决于性格和情感因素。天资一般用智商（IQ）表示，有时人们将情商（EQ）与之对应称其为"情感智商"。正式提出"情感智商"这一术语的是美国耶鲁大学的彼得·沙洛维（Peter Salovey）教授和新罕布什尔大学的约翰·梅耶（John Mayer）教授。他们在 1990 年把情感智商描述为由三种能力组成的结构，这三种能力是：准确评价和表达情绪的能力，有效调节情绪的能力，将情绪体验运用于驱动、计划和追求成功等动机和意志过程的能力。1993 年，沙洛维和梅耶对情感智商作了进一步的研究，把它定义为社会智力的一种类型，并对其应包含的能力内容作了重新的界定，即区分自己与他人情绪的能力、调节自己与他人情绪的能力、运用情绪信息去引导思维的能力。1995 年 10 月，美国《纽约时报》专栏作家戈尔曼（D. Goetnan）出版了《情感智商》一书，把情感智商这一学术研究新成果以非常通俗的方式介绍给大众，并迅速成为世界性的畅销书。一时间，情感智商这一概念在世界各地得到广泛传播。戈尔曼在其书中声称情感智商包括五个方面的能力，即认识自身情绪的能力、妥善管理情绪的能力、自我激励的能力、认识他人情绪的能力、人际关系的管理能力。戈尔曼所提及的这五种能力偏重于我们日常生活中所强调的自知、自控、热情、坚持、社交技巧等所谓非智力方面的一些心理品质。这些心理品质也构成了我们通常所说的生活智慧。

第三节　意 志 过 程

一、概述

（一）意志的概念

　　意志（will）是指人自觉地确立行动目的，并根据目的调节和支配自己的行动，克服困难去实现预定目的的心理活动。例如同学们进医学院校学习，立志从事医疗事业，这首先要确定行动目的，然后根据这个目的顽强地刻苦学习，参加体育锻炼，克服各种困难，争取在德智体几方面都得到发展，成长为合格的医护人员。在这些行动过程中，不仅意识到自己的需要和目的，还以此调节自己的行动以实现预定的目的。意志就是在这样的实际行动中表现出来的。

（二）意志行动的特征

　　意志总是表现在人们的实际行动中，因此也称为意志行动。但并不是人的一切行动都是意志行动，如人的一般性的行为习惯、自动化的动作、无意识的动作等就不是意志行动。意志行动具有如下特点：

　　1. 有自觉的行动目的　意志行动是人特有的自觉确定目的的行动。所谓目的，就是对自己行动的正确性和重要性有充分的认识。人在行动前，行动的结果已经作为行动的目的而以观念的形式存在于人的大脑之中，并以这个目的去调节支配自己的行动，使个体的意志服从这个目的，这就决定了人的行动是以自觉目的为特征的意志行动。

2. 以随意运动为基础　人的行动分为随意运动和不随意运动两种。不随意运动是指不受意识调节和支配的动作，如自动化的习惯性动作、非条件反射动作等都是不随意动作。随意运动是指受意识的调节和支配、具有一定目的和方向性的动作，是在后天的生活实践中学习获得的。有了随意运动，人就可以根据目的去调节和支配自己的行为，从而实现预定的目的。

3. 与克服困难相联系　克服困难是意志行动的重要特征。意志行动本身就是有目的的行动，在实现目的的过程中总会遇到来自内部与外部的困难，只有克服了这些困难才能够实现目的，因此战胜困难、克服困难的过程，也就是意志行动的过程。

二、意志行动的心理过程

意志行动有着发生、发展和完成的历程。这一过程可分为采取决定阶段和执行决定阶段。

（一）采取决定阶段

采取决定阶段是意志行动过程中人脑积极活动的过程，是为意志行动做准备的阶段。这个阶段包括动机冲突、行动目的的确立、行动方法与策略的选择并制订行动计划三个环节。这三个环节是相互联系、相互制约、相互渗透的，合理有效的行动方法选定之后，接着便会进入下一个阶段。

（二）执行决定阶段

执行决定阶段是意志行动的关键，是意志行动的完成阶段。它使头脑中的意图、愿望、计划和措施在行动中具体化，它是达到预定目的的重要阶段。

1. 克服困难，执行计划　在执行计划的过程中，必然会遇到许多困难，而意志行动体现出克服内心冲突、干扰和外部的各种障碍上。意志的努力往往表现在执行决定的行动要求巨大的智力紧张或体力负荷，并要求忍受由行动或行动环境带来的种种不愉快的体验；要克服人的个性原有的消极品质，如懒惰、保守、不良习惯；要克服已经放弃了的目的和动机重新出现，使人对所作的决定发生怀疑，对执行决定产生的诱抗性影响；要克服知识经验不足，情境变化，在制订计划时预先没有估计到而出现的新情况、新问题等。

2. 实事求是，修正计划　执行计划的坚定性，并不意味着机械刻板地行动，要实事求是地根据具体情况调整计划、修正计划，实现既定目标。这也是优良意志品质的表现。有了这种坚定性和灵活性相结合的意志品质，才能推动人们有效地克服困难，实现既定目标。

三、意志品质

意志品质是指构成人的意志诸因素的总和，主要包括自觉性、果断性、自制性和坚韧性等几方面。

1. 自觉性　意志的自觉性是指个体自觉地确定行动目的，并独立自主地采取决定和执行决定，使行动达到既定目的的心理品质。自觉性是意志水平高低的首要标准，它反映了一个人在活动中坚定的立场和始终如一的追求目标。它贯穿于意志行动的始终，也是意志行动进行和发展的重要动力。具有自觉性的人，能独立支配自己的行动，不受外界的影响，自觉排除各种干扰和诱惑，不依赖他人；既有原则性又有灵活性，经常使自己的行动服从于目的。

与自觉性相反的表现是盲目性、易受暗示和独断。盲目性、易受暗示指缺乏主见，毫无分析和批判地接受影响，易轻信别人，易受干扰；独断指容易从主观出发，一意孤行，拒绝他人的正确劝告。

2. 果断性　意志的果断性是指善于明辨是非，抓住时机，迅速而合理地处理矛盾的心理品质。它反映一个人在行动中的决策速度和深度，它是以科学性为前提，以深思熟虑为基础。

与果断性相反的品质是优柔寡断和冒失。优柔寡断是面临选择常犹豫不决，顾虑重重等软弱性的表现；冒失行为是一种缺乏思考，凭一时冲动轻率决定而不顾后果的品质。这两个方面都是意志品质果断性缺乏的表现。

3. 坚韧性　意志的坚韧性是指在执行决定阶段能矢志不渝，坚持到底，遇到困难和挫折时能顽强乐观地面对和克服并把决定贯彻始终的品质。

与坚韧性相反的品质是动摇性、执拗和顽固性。动摇性是遇到困难便怀疑预定目标，放弃对预定目标的追求，半途而废，缺乏韧性的软弱意志品质；执拗和顽固性是固执己见、我行我素、执迷不悟的表现，也是意志薄弱的一种表现。

4. 自制性　意志的自制性是指能够自觉、灵活地控制自己和约束自己言行的意志品质。具有自制性的人既能发动合乎目的性的行动，又能抑制与行动目标不一致或相违背的行动。

与自制性相反的表现是任性和怯懦。前者容易受情感左右，缺乏理智，常在需要克制冲动的时候任意为之，意气行事。后者表现为在需要采取行动，迎接挑战的时候却临阵退缩，不敢有所行动。这两种都是意志不坚定、缺乏自制性的表现。

本章小结

1. 心理过程是指人心理活动的发生、发展过程。包括认知过程，情绪、情感过程和意志过程。

2. 认知过程包括感觉、知觉、记忆、思维、想象、注意等。

3. 感觉是人脑对直接作用于感觉器官的客观事物的个别属性的认识。感觉是最简单的心理过程。感觉的特征有：感觉适应、感觉对比、感觉后像、感觉的相互作用、感受性的发展与补偿。

4. 知觉是人脑对直接作用于感觉器官的客观事物的整体属性的认识。知觉的特征有整体性、选择性、理解性、恒常性。

5. 疼痛是个体对现实刺激和已贮存的经验相互作用而产生的主观感受和体验。痛觉是临床最常见的症状之一。影响痛觉感受性的因素有：早期经验、对情境的认知评价、注意力、个人的情绪状态及人格特征。

6. 记忆是过去的经验在头脑中的反映。它包括识记、保持、再认或回忆。根据信息保持时间长短，记忆可分为瞬时记忆、短时记忆、长时记忆。艾宾浩斯的研究结果表明：遗忘具有先快后慢的规律。良好的记忆品质有：记忆的敏捷性、准确性、持久性、准备性。

7. 思维是人脑对客观事物间接的、概括的反映。解决问题的思维过程可分发现问题、分析问题、提出假设、检验假设四个阶段。影响解决问题的因素有：问题表征的方式、无关信息的干扰、功能固着、定势、迁移、情绪、动机等。良好的思维品质有：思维的广阔性、深刻性、灵活性、独立性、批判性、逻辑性。

8. 想象是对头脑中已有的表象进行加工改造而形成新形象的心理过程。

9. 注意是人的心理活动或意识对一定事物的指向与集中。注意的基本品质有：注意的广度、注意的稳定性、注意的分配、注意的转移。

10. 情绪与情感是人对客观事物是否符合主观需要而产生的态度体验。通常把快乐、愤怒、恐惧、悲哀列为四种基本情绪或原始情绪。从情绪状态划分，有心境、激情和应激。情感的分类主要有道德感、理智感和美感。

11. 情绪、情感可以影响人的身心健康；影响人的智力活动；情绪、情感是人的行为的动力系统之一，影响人的活动效率；情绪、情感还影响人的社会交往和人际关系。

12. 健康的情绪应该是诱因明确、反应适度、稳定且灵活并能自我调控。

13. 调控情绪首先要认识、了解自己的情绪特点；其次要提高对自己情绪的觉察能力，学会释放和表达负性情绪；最后要学会掌握自我放松的方法。

14. 意志是指人自觉地确立行动目的，并根据目的调节和支配自己的行动，克服困难去实现预定目的的心理活动。意志总是表现在人们的实际行动中，因此也称为意志行动。意志行动有自觉的行动目的、以随意运动为基础并且与克服困难相联系。

15. 意志行动的心理过程包括采取决定阶段和执行决定阶段。采取决定阶段是为意志行动做准备的阶段，执行决定阶段是意志行动的完成阶段。

16. 意志品质是指构成人的意志诸因素的总和，主要包括自觉性、果断性、自制性和坚韧性等几方面。

自测题

一、单项选择题

1. 人类最简单、最基本的心理现象是
    A. 情绪　　　　B. 记忆　　　　C. 感觉　　　　D. 知觉
2. "余音绕梁"反映了感觉的何种特性
    A. 感觉适应　　B. 感觉对比　　C. 感觉后像　　D. 感觉的相互作用
3. 内部感觉与外部感觉均有的感觉是
    A. 听觉　　　　B. 视觉　　　　C. 味觉　　　　D. 痛觉
4. 漫画家寥寥数笔就能把人物勾画得活灵活现，这主要利用了人们知觉特性的
    A. 选择性　　　B. 整体性　　　C. 理解性　　　D. 恒常性
5. 下列哪类试题是考学生的再认能力
    A. 名词解释　　B. 选择题　　　C. 填空题　　　D. 问答题
6. 信息储存量为7±2的记忆属于
    A. 感觉记忆　　B. 瞬时记忆　　C. 短时记忆　　D. 长时记忆
7. 护士用多种方法给患者降温属于
    A. 聚合思维　　B. 发散思维　　C. 形象思维　　D. 创造性思维
8. 护士排除输液故障主要属于

A. 动作思维　　B. 形象思维　　C. 逻辑思维　　D. 创造性思维

9. 下述何种不是注意的基本品质

　　A. 广度　　B. 分配　　C. 稳定性　　D. 灵活性

10. 看问题"入木三分"反映了思维的何种品质

　　A. 广阔性　　B. 深刻性　　C. 独立性　　D. 批判性

11. 很长时间没骑单车，但你仍然会骑单车，这属于

　　A. 动作记忆　　B. 情感记忆　　C. 逻辑记忆　　D. 形象记忆

12. 影响解决问题的心理因素不包括

　　A. 定势　　B. 迁移　　C. 教育　　D. 功能固着

13. 反映人与客观事物之间需要关系的心理现象是

　　A. 知觉　　B. 记忆　　C. 思维　　D. 情绪

14. "人逢喜事精神爽"是哪种情绪状态

　　A. 激情　　B. 心境　　C. 道德感　　D. 应激

15. 下列哪一选项不是人类的原始情绪

　　A. 快乐　　B. 愤怒　　C. 惊讶　　D. 恐惧

16. 对新对象的好奇心与新异感是下列哪种情感

　　A. 美感　　B. 道德感　　C. 惊讶感　　D. 理智感

17. 与果断性相反的意志品质是

　　A. 任性　　B. 怯懦　　C. 动摇　　D. 冒失

二、填空题

1. 感受性与感觉阈限呈_____关系。
2. 记忆的品质有_____、_____、_____、_____。
3. 记忆过程包括_____、_____、_____。
4. 艾宾浩斯曲线表现出_____的规律。
5. 思维的特征有_____、_____。
6. 思维的基本过程有_____、_____、_____。
7. 解决问题的思维过程分_____、_____、_____、_____四个阶段。
8. 情绪与人的_____需要相联系，而情感与人的_____需要相联系。
9. 健康情绪的特点是_____、_____、_____、_____。
10. 执行决定阶段是意志行动的关键，它包括_____、_____两个过程。
11. 意志的基本品质包括_____、_____、_____、_____。

三、名词解释

1. 感觉　2. 知觉　3. 记忆　4. 思维　5. 情绪情感　6. 意志

四、简述题

1. 影响解决问题的心理因素有哪些？
2. 如何提高记忆力？
3. 说明情绪、情感对个体的意义。
4. 如何对情绪进行调控？

（大庆医学高等专科学校　韩　冰）

第三章 人　　格

> **学习目标**
> 1. 掌握人格、需要、动机、能力、气质、性格、自我意识的概念。
> 2. 熟悉人格、性格的特征；马斯洛的需要层次理论；影响人格形成与发展的因素；气质的内容。
> 3. 了解兴趣、信念；医学生能力、性格的培养及气质的意义；自我意识的结构与功能。

人类在赖以生存的环境中，对周围事物的认知，所表达的情绪与情感，以及自觉地克服困难实现预定目标的心理过程中，都会表现出个体之间的差异性，这就是一个人的人格。人格无论对于个体的生存与发展、社会适应，还是个人健康、家庭幸福；无论对个体的事业成败，还是人生价值，都起着极其重要的作用。因此，人格一直是心理学、哲学、社会学、人类学、教育学、管理学等诸多学科的研究对象。

第一节　概　　述

一、人格的概念

人格（personality）也称为个性，源于拉丁文"面具"（persona）。面具是舞台上演员所戴的用具，以反映剧中人物的特殊身份和形象。实际上我们每个人在人生的舞台上都"扮演"了一定的角色，这种形之于外的处于公共场合的自我，代表了人格的一个方面。尽管在社会生活中我们都是以各种角色的身份出现，但每个人还有他独特的内心世界（内在的自我）。而恰恰是这种常常隐蔽的内在的自我决定了一个人的主要精神风貌，决定了他与别人的区别，也使他"扮演"的角色具有独特的韵味。

人格的定义很多，至今还没有一个为大家所公认。我国《心理学大词典》对人格所下的定义是"人格是指一个人的整个精神面貌，即具有一定倾向性的各种心理特征的总和"。人格主要包括三大组成部分，即人格倾向性、人格心理特征和自我意识系统。这三者的有机结合，使人格成为一个内涵丰富的整体结构。

人格常常支配着一个人的言谈举止，体现出一个人的行为特征，决定着一个人的活动结果。对一个医务工作者来说，有效的治疗和护理离不开对患者和医生、护士的人格的透彻了解；而医务工作者本身是否具有良好的人格，也会影响到工作的优劣与成败。因此，一个合格的现代医务工作者应当运用人格理论指导自己了解他人的人格，认识和完善自己的人格。

二、人格的特征

人格是一个具有丰富内涵的概念，它反映了一个人的多种心理品质特征。

(一) 生物性与社会性

人格既有生物属性，也有社会属性。个体出生时从父母那儿获得的生物学特征（即遗传素质）是人格形成的物质基础，影响着人格发展的道路和方式，影响着人格行为形成的难易。而每个人都是社会的一员，都处于一定的社会关系之中，通过人类社会实践活动，成为具有人格的人。如果只有人的生物属性而脱离了人类社会，就不可能形成人的人格。"狼孩"的例子就充分说明了这一点。

(二) 独特性与共同性

个体独特的生物学基础及其生存的外部环境（包括家庭环境、群体环境、社会环境与自然环境）不同，个人的主观能动性也不同，在各种因素交互作用下形成了人格的独特性。这种独特性不仅可以被人们观察到，也可通过人格测验测量到。正如世上没有两片相同的绿叶，世上也没有两个人格完全相同的人。但人们的生物学基础及其生存的环境也有诸多相同之处，这就决定了人格具有共同性。如人类共同的心理特点、民族共同的心理特点以及职业的、年龄的、性别的共同心理特点。所以，虽然人们常说"人心不同，各如其面"，但也常说"人心都一样"。人格中的独特性与共同性是统一的，如一个团队共有的人格总是通过团队内成员体现出来，它制约着每个成员的独特性的特点。

(三) 稳定性与可塑性

个体凭借其独特的生物学基础，在其成长的环境的刺激和影响下形成的人格是比较稳定和持久的。所谓"江山易改，禀性难移"说明了人格具有稳定性。所谓稳定性是相对的，而可塑性则是绝对的。人格在个体与环境的相互作用下必然会被塑造而有所变化，随着生存环境的变化、个体的发育成熟或某些病理情况下，人格甚至会发生明显的改变。因此，人格是稳定性和可塑性的统一体。人们完全可以通过自我内省和学习去改善自己的人格，尤其是在青少年时期。

(四) 整体性

人格的整体性是指包含在人格中的各种心理特征构成了一个有机的整体，它虽然不能直接观察得到，但却表现在行为中，让人的各种行为所表现出来的特征是一个整体，体现了其独特的精神风貌。一个正常人的内心世界，动机和行为是和谐统一的，否则，就会导致人格障碍。

三、影响人格形成与发展的因素

人格形成与发展是由生物因素、环境因素、实践活动和自我教育等因素共同决定的。

(一) 生物因素

生物因素是人格形成与发展的物质基础，它包括遗传、神经类型、体态容貌等。首先，遗传基因影响人格。通常所说子肖其父（不仅指容貌，而且指人格），其中就有遗传因素的作用。但遗传因素对人格各部分的作用不完全相同，如气质和智力受其影响大些，而价值观受其影响小些。其次，神经系统的特性不同，内分泌系统分泌激素的水平不同，会使人们的人格形成与发展显示出不同的特点。此外，人的体态、体质和容貌，也是影响人格形成和发展的生物因素。但是，生物因素只为人格的形成与发展提供了一种可能性，不能决定人格的发展。

(二) 环境因素

环境因素是影响人格形成与和发展的决定因素。这里所说的环境主要指社会环境，包括家庭、学校和社会文化环境等。

1. 家庭　家庭的影响包括家庭经济条件和社会地位、家庭氛围、父母的教养态度与方式以及言行榜样所造成的影响。其中最重要的是父母对子女的教养方式。父母对子女民主平等的态度、融洽的亲子关系，有利于培养子女良好的情绪与情感，易形成自尊、自信、友善等良好的人格特点。过分溺爱、放纵及封建家长式的教育妨碍子女人格的正常发展，易形成自私、任性、自卑、孤僻、易激惹、攻击性强等不良的人格特点。

2. 学校　人的一生有相当长的时间是在学校度过的。学校的教育思想、教师素质、教学环境、教学方法、班集体的气氛、教师的管教方式和校园文化等，对人的人格形成和发展有着深刻的影响。

3. 社会文化环境　也是影响人格形成和发展的一个重要环境因素。像电视、电影、书籍、网络等潜移默化的影响是十分明显的。

（三）实践活动

实践活动是制约人格形成和发展的一大要素。不同的实践活动要求不同的人格特点，同时又造就和发展了人的人格。登山活动锻炼人的顽强性；救护活动锻炼人的机敏性；常年在田间劳作，使人懂得勤俭。某一特定的实践活动，要求人反复地扮演某种与这一活动相适应的角色，久而久之，便形成和发展了这一活动所必需的人格特点。

（四）自我教育

在实践活动中，人在接受环境影响的同时，个人的主观能动性也发挥着积极的作用。各种因素的影响都必须通过个人的自我调节才能起作用，它常常可以改变人格的发展层次和方向。一个人在人格形成的过程中，希望自己成为什么样的人，是有一定的自主权的，关键在于自我的认知评价和理性调节，这取决于每个人对自己采取怎样的自我教育。因此，从某种意义上说，人格也是自己塑造的。

第二节　人格倾向性

一、需要

（一）需要的概念

需要（need）是对有机体内部不平衡状态的反映，表现为有机体对内外环境条件的欲求。

有机体内部平衡状态经常会被打破，这时有机体就会要求恢复平衡，如渴了就需要喝水，冷了就需要穿衣御寒等，人为了生存便产生了衣、食、住、行和安全等基本需要。而为了满足这些需要，人又产生了劳动、学习、就业等需要，并进一步产生了追求个人幸福、追求人生价值、追求社会成就与回报社会的更高层次的需要。可见，人的需要都有对象，没有对象的需要是不存在的。需要又是不断发展的，人的需要永远不会停留在一个水平上。当旧的需要得到满足，不平衡消除之后，新的不平衡又会产生，人们又会为满足新的需要去追求新的对象。需要是推动有机体活动的动力和源泉。

（二）需要的分类

1. 按照需要的起源，可分为自然性需要和社会性需要。

自然性需要是机体的本能需要。如对空气、食物、水、配偶、运动、休息、排泄等的需要。这种需要也称为生理性需要，为人类和所动物共有，但需要的对象和满足的方式不同。人与动物的根本区别在于人的生理性需要也具有社会性，不仅主要靠劳动方式来满足，而且受外部条件和人类行为道德规范的制约。

社会性需要是后天习得的、人类独有的需要。如对文化学习、劳动生产、社会交往的需要，对探索、道德、尊重、威信、审美的需要等。社会性需要通常从社会要求转化而来。人在认识到社会要求的必要性以后，社会的要求就转化为个人的需要。社会性需要的满足常常导致个体与社会的发展，是最具有积极意义的需要。

2. 按照需要的对象，可分为物质需要和精神需要。

物质需要是对社会物质产品的需要，如对食品的需要，对工作和生活条件的需要；精神需要是对各种社会精神产品的需要，如对科学文化知识的需要，对美的欣赏的需要等，这是人所特有的需要。物质需要和精神需要之间有着密切的关系，对物质产品的要求不仅要满足人的生理的需要，而且还要满足人审美的观念；为了满足人的精神需要，还得有一定的物质条件来保证。

（三）需要的层次理论

美国人本主义心理学家马斯洛将人类的主要需要依其发展顺序及层次高低分为5个层次，即生理的需要、安全的需要、归属与爱和的需要、尊重的需要和自我实现的需要（图3-1），并认为需要呈波浪式由低层次向高层次发展，在国内外颇具影响。后来，他又在尊重的需要之上增加了认知的需要和审美的需要，使之成为7个层次，但影响最大的仍然是对5个层次需要的概括。

1. **生理的需要** 是指对阳光、水、空气、食物、排泄、求偶、栖息和避免被伤害等的需要。它具有自我和种族保存意义，是个体为了生存而必不可少的需要。生理的需要在人类各种需要中占有最强的优势，当一个人被生理需要所控制时，其他的需要均会被推到次要地位。

2. **安全的需要** 是指对生活在无威胁、能预测、有秩序的环境中的需要。如生命安全、财产安全、职业安全和心理安全等需要，以求得安全感。

3. **归属与爱的需要** 是指对友伴、家庭的需要，对受到组织、团体认同的需要，它表明人渴望亲密的感情关系，不甘被孤立或疏离。

4. **尊重的需要** 是指个人对自己的尊重与价值的追求，包括"人尊"和"自尊"两方面。前者指希望获得别人的肯定、重视、赞许等，后者指自信、自强、好胜、求成等。

5. **自我实现的需要** 是指追求自我理想的实现，充分发挥个人的才能与潜力的需要。自我实现的需要是人的最高层次的需要，是一种创造的需要，它的产生依赖于前面基本需要的满足。

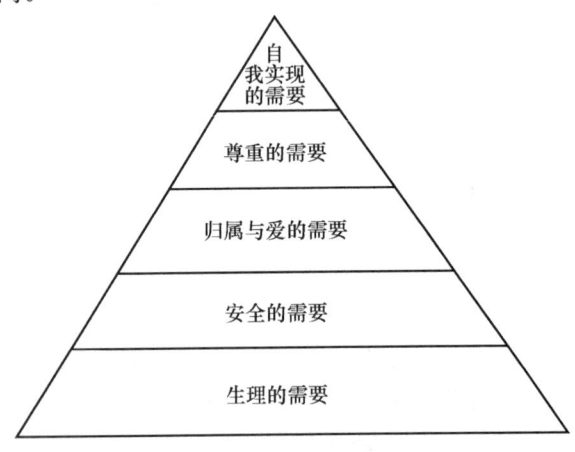

图3-1 马斯洛人类需要层次论

马斯洛认为人只有在较低层次的需要得到某种程度的满足之后，才会产生较高层次的需要，否则就不会产生高层次的需要。但他也承认有"许多例外"。马斯洛还指出：各个需要层次的衍生与个体的发展有密切的关系。如婴儿主要是生理性需要，幼儿就产生了安全的需要，儿童产生了归属与爱的需要，随着青少年的成长与就业，尊重的需要越来越强烈，在此基础上出现了最高层次的需要——自我实现的需要。自我实现是人类需要发展的顶峰，是健全人格者努力追求的目标。

马斯洛的需要层次学说是一种比较完整的需要理论，有一定的参考价值。但是，他把人的需要看成天生就有的"潜能",这是不符合事实的。需要必然受到社会历史条件的制约,高级的需要更是如此;他的"自我实现"论是以西方社会生活为蓝图的,个人本位的色彩十分浓厚,与我们所倡导的实现个人崇高的社会理想不可同日而语。

二、动机

(一) 动机的概念

动机(motivation)是个体为满足某种需要驱使自己进行活动,以达到目标而具有动力性的心理活动。动机是以需要为基础的,还必须有外部刺激(即诱因)的作用,只有当个体的需要和刺激相结合时,才能产生活动的动机。需要和刺激是动机产生的有两个必要条件。需要产生之后,不一定就变成推动人进行活动的动机。需要变成动机往往有一个发展过程。一般把动机产生的过程概括为:需要的产生→需要被意识到→需要和刺激相结合→产生活动的动机四个环节。

动机具有三种功能:一是始发功能,它激发一个人开始进行某种活动;二是指引功能,它使行动朝着预定的目标进行;三是激励功能,不同性质、不同强度的动机会对行动产生不同程度的激励作用。

(二) 动机的种类

人类的动机极为复杂,相同的动机可表现出不同的行为,而同一种活动,可有不同的动机。动机可从不同的角度来分类:

1. 按照动机的属性,可分为生理性动机和社会性动机。

(1) 生理性动机　最基本的生理性动机是食欲和性欲。此外,还有睡眠、安全、运动等。动物也有生理性动机,生理性动机过强的人往往行为失范。

(2) 社会性动机　指个体后天习得的、起源于社会性需要的动机。如学习、交往、成就、兴趣等动机。社会性动机是人类追求高层次需要的一类动机,个体差异较大。

2. 按照动机的来源,可分为内在动机和外部动机。

(1) 内在动机　指个体自主产生而无需外力作用的动机。如富有同情心和责任心的护士,无论何时何地都能以认真的态度和良好的职业素养,做好护理工作并感受其中的踏实、愉快,便自主地产生了"积极工作"的动机。所谓"凭良心做事"。

(2) 外部动机　指外部力量诱发的个体动机。如社会、学校、工作单位的要求或某种激励机制、处罚条例而引发的个体动机。所谓"重赏之下,必有勇夫"。

(三) 动机冲突

在人们的现实生活中,常常存在着很多动机。这些动机的强度又是随时变动的。任何时候,驱动人的行动都是由动机结构中最强的主导动机决定的。但是,主导动机的确立常常不那么顺利。因为在其动机结构中同时有一些性质和强度非常相似或相互矛盾的动机,使人难以取舍,这就形成了动机冲突,或称为动机斗争。动机冲突有三种基本形式:

1. 双趋冲突　是指两种需要对个体具有同样的吸引力,并产生强度相同的两个动机,但由于条件的限制,个体只能择取其一。古语云"忠孝不能两全"即是此意。在这种情况下,个体往往会产生难以取舍的矛盾心理,称之为双趋冲突。

2. 双避冲突　是指两个事物同时对个体构成威胁,使个体产生两个逃避的动机,但由于某种原因,个体只能接受其中一个才能避开另一个,如"前遇悬崖,后有追兵"或恶性肿瘤患者面对"手术或化疗均有风险"的抉择时,就会陷入双避冲突。这类动机冲突较难解决，对个体行为影响大，解决这种冲突常有赖于其他因素出现。

3. 趋避冲突　当某事物对个体的需要兼有利弊双重意义时，个体便会产生好而趋之和恶而避之的动机冲突，如"良药苦口"等。

动机冲突若不能获得解决，便会造成个体挫折、心理应激和心理障碍。解决动机冲突的原则首先要区分是不是原则问题；其次是要改变个体的认知评价，才便于准确地权衡利弊做出抉择；再次，还要多征求意见，因为往往是"旁观者清"。

三、兴趣

（一）兴趣的概念

兴趣（interest）是个体对一定事物所持有的稳定而积极的心理倾向，它是以认识和探索外界事物的需要为基础的，是推动人认识事物，探索真理的重要动机。如对音乐感兴趣的人，在观看文艺晚会或收听音乐节目时，都会全神贯注，沉浸在音乐的意境之中；在日常的生活中，经常会曲不离口，抒发激情。

兴趣可分为直接兴趣和间接兴趣。直接兴趣是对事物或活动本身感到需要而产生的兴趣。如对钓鱼、足球活动的兴趣。间接兴趣是由认识事物的目的和对活动结果引起的兴趣。如有的学生对学习英语过程本身并不感兴趣，而是对学习英语的结果如能取得好的成绩，能与外国人进行文化交流感兴趣。间接兴趣通常和自觉性的活动密切联系。

（二）兴趣的品质

兴趣的品质是人在认识事物的过程中形成和表现出来的稳定的心理特征。

1. 兴趣的倾向性　是指个体对什么事物发生兴趣。由于兴趣的倾向性不同，人与人之间会出现很大的不同。如有的人对文学感兴趣，有的人对数学感兴趣，有的人对音乐感兴趣等。

2. 兴趣的广阔性　是指一个人兴趣范围的大小或丰富性的程度，也可称兴趣的广度。有的人兴趣广泛，对许多事物和活动都兴致勃勃，乐于探索；有的人兴趣单一，范围狭窄，对周围很多事物和活动漠不关心。个体的知识面与兴趣的广阔性密切相关。

3. 兴趣的稳定性　是指兴趣持续时间的长短。有的人长期对他所从事的工作和研究的问题保持浓厚的兴趣，不论遇到什么困难都能克服，就易于在事业上取得成就；而有的人缺乏稳定的兴趣，见异思迁，朝秦暮楚，这种人无论做什么事情都将是一事无成。

4. 兴趣的效能性　是指兴趣所产生的推动人的活动的力量。积极的、有效能的兴趣，能促使人积极主动地学习和工作，并产生明显的效果。反之，消极的、无效能的兴趣，始终停留在消极期待或愿望阶段，只是"心向往之"而已，没有付诸行动，这种兴趣不可能成为活动的推动力量，不产生任何效果。只有产生实际效果的兴趣才是有价值的。

（大连大学职业技术学院　迟延辉）

第三节　人格心理特征

一、能力

（一）能力的概念

能力（ability）是顺利而有效地完成某种活动所必备的心理特征。与能力有关的一个概念是智力（intelligence）。人们对智力和能力常常不做精确的区分，合称为"智能"。但能力的概念范畴比智力更大些，能力包含了人的整体的功能，更多地体现在活动中并在活动中得到发展，而智力只是一般能力，更多地偏重于脑的功能。为了保证某种活动的顺利进行而结合在一起的能力叫才能，才能是一般能力与特殊能力的和谐统一；能力的高度发展称天才，天才是能力的独特结合，往往结合着多种高度发展的能力，它使人能顺利地、独立地、创造性地完成某些复杂的活动，有才能的人如果主观上努力，客观上有施展的机会和环境条件，就可成为天才。

能力的形成和发展既有先天因素，如生理、解剖特点，遗传基因等，也有后天环境因素，如早期胚胎环境、日常生活环境、人际交往氛围、学校教育环境和社会生活实践等。

（二）能力的分类

1. **按照能力的构造分类**　分为一般能力和特殊能力。一般能力是指完成各种活动都需要的一些共同的、基本的能力，如观察力、记忆力、注意力、理解力、思维能力、想象力、创造力和语言表达能力等；特殊能力是指从事某些特殊活动所需要的能力，它是顺利完成某种专业活动所需的能力。

2. **按能力所涉及的领域分类**　分为认知能力、操作能力和社交能力。认知能力是指人脑输入、加工、存储和提取信息的能力。操作能力是指人们操作自己的肢体以完成各项活动的能力。社交能力是指人们从事社会交往所需要的能力。

3. **按能力的创新程度分类**　分为模仿能力、再造能力和创造能力。模仿能力是指通过观察外界的行为、活动来学习各种知识，然后以相同或相似的方式作出反应的能力。再造能力是指遵循现成的模式或程序掌握知识技能，并在此基础上有所综合运用的能力。创造能力是指产生新的思想和新的产品的能力。

> **知识链接——成功智力**
>
> 能力是具有复杂结构的各种心理品质的总和。美国心理学家加德纳（Gardner，1983）认为能力的内涵是多元的，由7种相对独立的智力成分所构成：言语智力、逻辑-数学智力、空间智力、音乐智力、身体运动智力、社交智力和自知智力，每种智力都是一个单独的功能系统，这些系统可以相互作用，产生外显的智力行为。加德纳的智力观向偏于认知的传统智力观提出了挑战，把善于运动、善于理解他人、善于剖析自己也作为一种能力的体现，主张不以一种智力尺度评价人，有利于各种人才的涌现。而且目前国际上关注的"第10名现象"似乎印证了这一理论存在的合理性。美国耶鲁大学的心理学家斯腾伯格（Sternberg，1996）在三元智力理论的基础上提出更具实用和现实取向的成功智力理论，认为成功智力（successful intelligence）是一种以达到人生中主要目标的智力，是在现实生活中真正能产生举足轻重影响的智力，包括分析性智力、创造性智力和实践性智力三个方面，它们是一个有机整体，用分析性智力发现好的解决办法，用创造性智力找对问题，用实践性智力来解决问题。作为当代的医学生，要注意加强学业智力和社会性智力的发展，追求学校里的成功和生活中的成功（生活中的成功是个体用创造和实践的能力去适应环境、选择环境和塑造环境，并最终获得的成功）。

(三) 能力发展的一般趋势和个别差异

能力的发展具有共性，随着人的知识、技能的积累，人的能力会不断提高。能力的高低会影响人的知识、技能的获得效率。人类的基本能力主要决定于个人的禀赋，与年龄密切相关，在20岁以后发展达到顶峰，30岁以后逐步下降；后天习得的能力与社会文化有密切的关系，它在人的一生中一直在发展，只是在25岁以后发展速度渐趋平缓。

能力的发展也具有个体差异性，主要表现在四个方面：第一是能力发展水平的差异，体现在智力上，随智商的变化有高有低，绝大多数人属中等智力，智商在100左右，高智商和低智商各占人群的2%～3%（图3-2）。第二是能力结构的差异，主要表现在知觉、记忆、想象、思维等心理过程构成因素的质的差异。第三是能力表现时间的差异，主要体现在特殊能力上，有的聪颖早慧，有的大器晚成。第四是能力的性别差异，男女在一般智力因素上没有性别差异，在特殊智力因素中有所反映，如女孩在言语能力上高于男孩，而在操作能力上低于男孩。诚然，能力并不是一成不变的，是可以通过个体自身的努力，综合运用智力和非智力因素，改进和提高自己的能力，如医学生可以通过自己大学期间的努力使自己从一个医学门外汉成长为一个优秀的医务工作者。

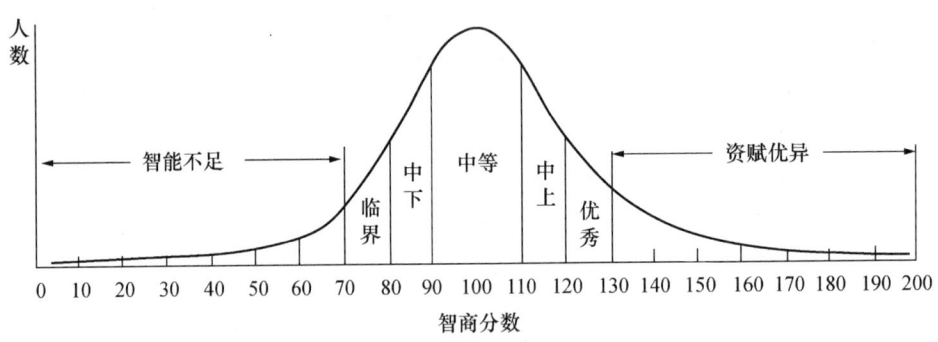

图3-2　人类智商的理论分布

(四) 医学生能力的培养

按照《全球医学教育最低基本要求》，当代医学生需要培养的能力有：①良好的医德（包括职业价值、职业态度和职业行为）；②精湛的医术（包括扎实的医学科学基础知识、临床技能）；③良好的沟通能力（包括语言沟通和非语言沟通能力，如衣着得体、神态亲切、举止文明、谈吐清晰、声调平和、有耐心、会倾听）；④信息管理能力（能熟练地使用电脑操作，搜集、运用和管理信息的能力）；⑤批判思维和研究创新的能力（具有科学思维、批判精神、学术研究的态度、持续学习的能力和创新意识）；⑥合作、领导与服务的能力（团队中协作共事和在需要时进行领导的能力，全心全意为患者服务的意识和能力）；⑦防范风险的能力（把对疾病和损伤处理与健康促进和疾病预防相结合的能力，知道目前生物医学模式的局限性，掌握对一个群体的健康和疾病起重要作用的生活方式、遗传、人口学、环境、社会、经济、心理和文化的各种因素的知识，在科学规范操作的同时，以防不测，学会运用法律武器保护自己的合法权益）。这是立足于整个人类，超越民族和区域的所有医学工作者的最低素养要求，还需要针对各个不同国家和地区的具体情况，在个人的持续不断的提升下逐步成为一名合格的医务工作者。

二、气质

(一) 气质的概念

气质 (temperament) 是个体表现在心理活动和行为方面的典型的稳定的动力特征，即平时所说的脾气、秉性或性情。气质特点一般不受个人活动的目的、动机和内容等的影响，具有较强的稳定性，主要表现在心理活动的强度、速度、灵活性与指向性（倾向于外部事物或倾向于内部体验）方面的特征，体现在人的感觉、知觉、记忆、思维、想象、情感、意志和行为活动各个方面，特别在情感活动中表现明显。

气质主要受先天遗传因素的影响，由高级神经系统活动过程的特性所制约。孩子刚一出生时所表现出来的差异就是气质差异，有的哭声响亮，活泼好动；有的哭声轻微，安详宁静，这些特征常常随着孩子的长大始终保持着，使每一个人的全部心理活动都蒙上了独特的个人色彩，可谓"秉性难移"。

(二) 气质学说

气质是人格的一个重要部分，是人格形成的基础，气质的生理基础自然成为人们关注的课题，出现了气质的体液说、高级神经活动类型说、血型说、体型说、激素说、调节说、气质维度说等各种气质类型理论。现介绍两种影响比较大的类型理论。

1. 体液学说　在 2500 年前，古希腊著名医生希波克拉底（Hippocrates）按人的四种体液（血液、黏液、黄胆汁和黑胆汁）的多寡来区分和命名气质，提出多血质、黏液质、胆汁质和抑郁质四种类型，虽然缺乏科学依据，但在人们日常生活中能见到这四种类型的典型代表，并一直沿用至今。

2. 高级神经活动类型说　1927 年，俄国著名的生理学家巴甫洛夫用高级神经活动类型说解释气质的生理基础。他根据神经活动过程的基本特性（强度、均衡性和灵活性）的不同结合，把高级神经活动分为四种类型：活泼型、安静型、兴奋型、抑制型，分别对应多血质、黏液质、胆汁质和抑郁质，也为古老的体液说的分类找到了新的生物依据。

(三) 气质类型及外部表现

四种气质类型的特征经过历代心理学家的不断整理补充，现归纳如表 3-1 所列。

表 3-1　气质类型、神经活动类型及外部表现的对应关系

气质类型	高级神经活动类型	神经活动过程特性			外部表现
		强度	均衡性	灵活性	
多血质	活泼型	强	均衡	灵活	言行、思维敏捷，活泼好动，热情大方，善于交往，情感丰富、易外露，适应力强；缺点是较浮躁，缺乏耐心与毅力，稳定性差，见异思迁
黏液质	安静型	强	均衡	不灵活	安静沉着，注意稳定，沉默寡言，喜欢沉思，善忍耐，自制力强，内刚外柔，交友慎重，情感深厚；缺点是行为主动性较差，行动迟缓，情绪反应慢，缺乏生气，容易冷淡、颓废

续表

气质类型	高级神经活动类型	神经活动过程特性			外部表现
		强度	均衡性	灵活性	
胆汁质	兴奋型	强	不均衡		精力充沛，动作迅猛有力，刚毅顽强，勇敢果断，为人热情直率，朴实真诚，表里如一；缺点是争强好胜，易冲动，鲁莽冒失，易感情用事，刚愎自用，自制力差
抑郁质	抑制型	弱			踏实稳重，思维敏锐，想象丰富，情绪体验深刻、细腻，善于观察细小事物，自制力强；缺点是不善交际，多愁善感，情绪抑郁，孤僻离群，举止缓慢，软弱胆小，优柔寡断

在现实生活中，绝对单一气质的人并不多（30%左右），绝大多数人是四种气质互相混合、渗透、兼而有之，偏于中间型或混合型。

（四）气质的意义

气质是人格赖以形成的条件之一，它体现了人格的生物学内涵，贯穿在人的心理活动和行为方式中，对人的实践活动都会造成一定的影响。

1. **气质本身没有好坏之分** 气质是人的天性，只表明一个人心理活动和行为的动力特征，不涉及心理活动的方向和内容，无所谓好坏之分，它不能决定人的社会价值和成就，也不直接具有社会道德评价意义。每种气质类型都有积极的和消极的方面，个体在任何一种气质的基础上，都有可能发展良好的性格特征和优异的才能，也有可能养成不良的性格特征和限制才能的发展。

2. **气质具有牢固的稳定性，也有适度的可塑性** 气质是先天的高级神经活动类型在后天行为活动中的表现，在人的一生中都比较稳定，但又不是不能变化的。经历生活创伤性事件，如果没有及时的调整过来，人的气质就会发生显著变化；也有的人在一定环境下，利用自己的顽强意志和踏实行动默默地改变自己气质中的消极因素，尽力地完善自己的人格特质，但这种变化过程很慢，也具有较大的反弹性。

3. **气质本身不决定人的社会价值和成就高低，但会影响工作效率** 气质类型不决定人的智力发展水平，任何一种气质类型的人都能发挥自己的才能，成为品德高尚、有益于社会的人；也会埋没自己的才能，成为平庸无为的人，或者自甘堕落成为道德败坏、有害于社会的人。

但是在现代社会分工日益精细的条件下，不同的职业和工作对人的气质有不同的要求，因此在职业生涯规划和人力资源管理时，一般会考虑气质类型，以使个人气质和岗位需求更好匹配，使个体在工作岗位上得心应手，兴趣盎然，工作效率也高，否则会带来烦恼，导致职业倦怠，影响工作效率。

4. **气质与心理健康有一定关系** 四种气质类型中的每一个消极因素都会影响人的心身健康，如性情急躁、孤僻、抑郁、情绪不稳定、易冲动等特征可能会是某些疾病的易感因素（如具有多血质和胆汁质特征的A型人格易患冠心病），如果长时间处于这种心理活动状态，则会导致一些心理疾病。

（五）医务工作者要重视患者的气质类型

无论是临床医生还是护理人员，工作的主要对象是有生命存在的独特个体，对医务工作者而言面对的是一个患者群体，但对每一个患者而言接触的就是一个医生或护士，其一言一行就是医院精神、医院文化的体现，就是自己职业道德和人文素养的反映。所以医务工作者一方面要了解自己气质中的某些消极因素，尽力避免或者加以优化；另一方面要了解不同患者的气质水平，可以使自己更能"对症下药"，更好地为患者服务。如临床上不同气质类型的患者对待疾病与治疗的态度是不一样的，对同样的疾病，胆汁质的人可能无所谓；多血质的人可能有丰富的痛苦表情；黏液质的人可能一声不吭；抑郁质的人可能焦虑不安。护士对他们的态度上也就应区别对待：同样的语言在胆汁质、多血质的人听来没什么，抑郁质的人可能就受不了，需要讲究沟通艺术和对应的护理技巧。

三、性格

（一）性格的概念

性格（character）是个体在社会实践活动中所形成的对客观现实的稳固态度以及与之相适应的习惯化了的行为方式。性格是一种与社会最密切相关的人格特征，是人格的核心成分，受人的意识倾向性和社会规范的制约，主要体现在对己、对人和对事物的态度和所采取的言行上，是一个人道德观和人生观的集中体现，具有直接的社会意义，与气质不同，因此有好坏之分。

（二）性格的特征

1. **性格的态度特征** 态度是个体对社会、对自己和对他人的一种心理倾向，包括对事物的评价、好恶和趋避等方面，而且表现在人的行为方式中。性格的态度特征是性格的核心，其内涵具有两极性。如对国家热爱、自豪、忠诚或者贬低、背叛等；对社会有奉献精神、尊老爱幼、遵守社会公德或者憎恨社会、自私自利、虚伪狡诈、无恶不作等；对学习、工作有责任心、认真负责、兢兢业业、务实创新或者敷衍应付、懒惰消极、不求进取等；对他人充满爱心、与人为善、宽容大度、乐于助人或者不怀好意、斤斤计较、自以为是、咄咄逼人；对自己有信心、正直守信、谦虚有礼、自尊、自爱、自强或者自卑、自负、自暴自弃、唯我独尊、自我封闭等。

2. **性格的意志特征** 性格的意志特征指人在自觉调节自身行为的方式和水平上表现出来的心理特征。如对行为目的明确程度是独立的、有目的性、有纪律约束的或是易受暗示性、盲目性、散漫性等；对行为自觉控制水平是主动、自制或是被动、任性等；在贯彻执行决定方面是有恒心、坚忍不拔或摇摆不定、见异思迁、半途而废等；在危急、艰难情况下是临危不乱、勇敢、果断或是紧张、怯懦、优柔寡断等。

3. **性格的情绪特征** 性格的情绪特征指人在情绪活动中经常表现出来的强度、稳定性、持久性以及主导心境方面的特征。如面对学习、工作和生活的压力，情绪反应强烈、明显、起伏大、影响时间长、难以控制或是反应微弱、隐晦、波动小、影响时间短、容易控制等；在主导心境方面，有的人总是乐观开朗，有的人总是悲观烦恼。

4. **性格的理智特征** 性格的理智特征指人在感觉、知觉、记忆、思维、想象等认知过程中表现出来的个别差异。如在思维方面有独立型和依赖型、分析型和综合型，有的人善于思考、勇于创新，有的人墨守成规、因循守旧等。

性格的上述四种特征并不是各自分离的，而是彼此关联、相互制约、协调统一的，在个体身上构成一个统一体，形成一个人独特的性格。

（三）性格的类型

世界上没有两个性格完全相同的人，但有性格相似的人，因此了解性格的类型，更好地了解人类自身，发挥人的潜能是有巨大意义的。由于性格的分类有很多种，现介绍几种比较常见的分类：

1. 按照心理功能的优势分为理智型、情绪型和意志型　这是英国的培因（Bain）和法国的李波特（Ribot）根据理智、情绪、意志三种心理功能在人的性格中所占优势不同而划分的。理智型的人通常以理智评价周围的事物，以理智支配和调节自己的言行，办事显得冷静和深思熟虑；情绪型的人通常用情绪来评估一切，情绪体验敏感、深刻，遇事不善于冷静思考，言行易受情绪控制；意志型的人通常言语、行动目标十分明确，因而主动、积极、果敢、坚定、自制力强。现实生活中很少有人是单一类型，更多的是混合类型，如理智-意志型。

2. 按照心理活动的倾向性分为外倾型和内倾型　这是瑞士著名人格心理学家荣格（Jung）依据心理倾向最先提出来的。荣格认为当一个人的兴趣和关注点指向外部客体时就是外向型，其特点是注重外部世界，情感表露在外，热情奔放，活泼开朗，当机立断，独立自主，善于交往，活动能力强，行动快捷，适应性强，但有时轻率；当一个人的兴趣和关注点指向主体时就是内向型，其特点是善于自我剖析和批评，做事谨慎，深思熟虑，但反应迟缓，疑虑困惑，不善交际，交往面窄，易自责，有时适应困难。现实生活中，大多数人属于中间型。

3. 按个体独立程度分为顺从型和独立型　这种分类源于美国心理学家威特金（Witkin）等人的场理论。独立型的人在信息加工时对内在参照有较大的依赖倾向，心理分化水平较高，善于独立思考，独立解决问题，不易受外来事物的干扰，应急能力强，但与人交往时较少考虑别人感受；顺从型的人在加工信息时对外在参照有较大的依赖倾向，心理分化水平较低，独立性差，常不加批评地接受别人的意见，易受环境或附加物的干扰，与别人交往时较能考虑对方的感受。

（四）性格的意义

性格主要受后天环境的影响而形成与发展，一旦形成就具有相对的稳定性，并在很大程度上影响着一个人的命运。印度有句谚语："播种行为，收获习惯；播种习惯，收获性格；播种性格，收获命运"就明确地指出了性格对人的发展乃至命运的重大意义。由于性格的好坏直接影响人的社会成就的高低，儒家文化国度里提倡的"做事先做人"中的"做人"就要是一个有良好性格的人——正直、勤奋、务实、团结、创新、追求卓越，才有可能做好小事，成就大事。

第四节　人格的内控系统——自我意识

自我意识是人格中的内控系统或自控系统，其主要作用是对人格的各种成分进行调节和控制，对保证人格的完整、和谐统一具有重要作用。

一、自我意识概念

自我意识（self-consciousness）就是个体对自己的身心状态及其自己与客观世界关系的

觉察与认识。自我意识是人的意识活动的一种形式，是人类特有的反映形式，是人的心理区别于动物心理的一大特征。正是这种自我意识，使人们能够对自己的所作所为进行自我分析、自我评价、自我调节和自我控制。

二、自我意识的结构与功能

自我意识的结构分为自我认知、自我体验和自我调节三个部分。自我认知是对自己的洞察和理解，是自我意识的认知成分，也是自我意识的首要成分，是自我调节和控制的心理基础，正确地认识自己，恰当地评价自己，是自我调节和人格完善的重要前提；自我体验是伴随自我认知而产生的内心情绪体验，是自我意识在情感方面的表现，如自尊心、自信心等，它可以使自我认知转化为信念，进而指导一个人的言行；自我调节是自我意识的意志成分，是自我意识直接作用于个体行为的环节，主要表现为个体对自己的行为、活动和态度的调控，是主观的我对客观的我的一种发动或制止作用，包括自我检查、自我监督、自我激励、自我控制、自我教育、自我发展等，自我调节的最后实现是自我意识的能动性的表现。

> **知识链接——詹姆斯的自我意识结构**
>
> 根据詹姆斯的研究，自我是由主观的我（即主我）和客观的我（即客我）两部分组成的。前者是"自己认识的自我"，后者是"一个能称之为人的总和"。而客我又是由三个要素构成的，即物质的客我（对自己的身体、外貌、衣着、风度、家庭、所有物的认识与评价，自我追求和自我体验是追求自己的身体外表、物质欲望的满足，维持家庭的利益，由此产生自豪感与自卑感）、社会的客我（对自己在群体中的地位、声望、拥有的财产的认识与评价，自我追求和自我体验是追求自己的名誉、地位，争取得到他人的好感等，由此产生自豪感与自卑感）、精神的客我（对自己的智力、性格与人格特点以及自己的道德、宗教信仰等的认识与评价，自我追求和自我体验是追求自己能力以及智慧的发展，要求自己的行为符合社会规范，追求宗教信仰等，由此产生自豪感与自卑感）。

三、医学生自我意识的培养

正如在医学生誓言中所说的"健康所系，性命相托"，"献身医学，热爱祖国，忠于人民，恪守医德，尊师守纪，刻苦钻研，孜孜不倦，精益求精，全面发展。""决心竭尽全力除人类之病痛，助健康之完善，维护医术的圣洁和荣誉。救死扶伤，不辞艰辛，执著追求，为祖国医药卫生事业的发展和人类健康奋斗终生。"这是作为一名医学生必须"意识到"的。首先在自我认知方面，要建立人的生命至上、人的尊严至尊的观点。既然选择了医学事业，就要定位于为人类的身心健康服务，并且主动积极地做好充分的心理上和能力上的准备，在医德和医术上追求卓越。其次在自我体验方面，确立自尊自信，不为从事的职业遭到部分人的误解或羞辱而泄气、自卑，也不为看到患者的"惨状"或流露的消极心态而麻木不仁、漠然视之、盛气凌人乃至恶语伤人。作为医护人员需要怀着对生命的敬畏，用心对待每一个患者，为一个个生命的康复而欣喜，因一个个会心的微笑而感动，更为医疗差错的点滴出现而内疚不已。再次是在自我调节上要学会自控自立,要学会控制自己的情绪和行为,在任何一个工作的时间、地点、情境中都能够理智、冷静、沉着应对,认真做人、做事,不轻言放弃。

本章小结

1. 人格是指一个人的整个精神面貌,即具有一定倾向性的各种心理特征的总和,包括三大部分:人格倾向性、人格心理特征和自我意识系统。

2. 人格的特征有:生物性与社会性、独特性与共同性、稳定性与可塑性、整体性。

3. 影响人格形成与发展的因素有:生物因素、环境因素、实践活动、自我教育。

4. 需要是对有机体内部不平衡状态的反映,表现为有机体对内外环境条件的欲求。动机是个体为满足某种需要驱使自己进行活动,以达到目标而具有动力性的心理活动。兴趣是人认识某种事物或从事某种活动的心理倾向。信念是指人坚信某种认识的正确性,并经常用来支配自己行动的人格倾向。

5. 马斯洛的需要层次论中由低到高的五个层次是:生理的需要、安全的需要、归属与爱的需要、尊重的需要和自我实现的需要。

6. 能力是顺利而有效地完成某种活动所必备的心理特征。气质是个体表现在心理活动和行为方面的典型的稳定的动力特征。性格是个体在社会实践活动中所形成的对客观现实的稳固态度以及与之相适应的习惯化了的行为方式。

7. 气质一般分为多血质、黏液质、胆汁质和抑郁质四种类型。

8. 自我意识就是个体对自己的身心状态及其自己与客观世界关系的觉察与认识,包括自我认知、自我体验和自我调节三个部分。正是这种自我意识,使人们能够对自己的所作所为进行自我分析、自我评价、自我调节和自我控制。

自测题

一、单项选择题

1. 人格的核心成分是
   A. 信念　　　　B. 气质　　　　C. 性格　　　　D. 能力
2. 各种能力最完备的结合,称为
   A. 技能　　　　B. 才能　　　　C. 知识　　　　D. 经验
3. 爱迪生最突出的能力是
   A. 操作能力　　B. 认知能力　　C. 社交能力　　D. 创造能力
4. 人格倾向性中不包括
   A. 需要　　　　B. 动机　　　　C. 能力　　　　D. 世界观
5. 个体与生俱来的心理动力特征是
   A. 人格　　　　B. 个性　　　　C. 性格　　　　D. 气质
6. 马斯洛需要层次理论中最高层次的需要是
   A. 归属与爱的需要　　　　　　　B. 自我实现的需要

C. 尊重的需要　　　　　　　　D. 安全的需要
7. "江山易改，禀性难移"说明了人格具有
　　A. 社会性　　B. 稳定性　　C. 整体性　　D. 独立性
8. 表现情绪体验深刻，善于观察细小事物，自制力强，但不善交际，多愁善感，举止缓慢，优柔寡断的人，其气质类型属于
　　A. 多血质　　B. 黏液质　　C. 胆汁质　　D. 抑郁质
9. "前遇悬崖，后有追兵"的动机冲突是
　　A. 双趋冲突　　B. 双避冲突　　C. 趋避冲突　　D. 敌我冲突
10. 巴甫洛夫的高级神经活动中的安静型与下列哪种气质类型相对应
　　A. 多血质　　B. 胆汁质　　C. 黏液质　　D. 抑郁质
11. 现实生活中，有的人自以为是，有的人优柔寡断，有的人悲观失望，其中不涉及的性格特征是
　　A. 态度特征　　B. 情感特征　　C. 意志特征　　D. 理智特征
12. 自我意识结构中的首要成分是
　　A. 自我体验　　B. 自我认知　　C. 自我调节　　D. 自我发展

二、填空题

1. 人格主要包括三大组成部分，即_____、_____、_____。
2. 影响人格形成与发展的因素是_____、_____、_____和_____。
3. 马斯洛的需要层次理论将人的需要分为_____、_____、_____、_____、_____五个层次。
4. 动机冲突有_____、_____、_____三种基本形式。
5. 能力的发展具有个体差异性，主要表现在_____的差异、_____的差异、_____的差异和能力的性格差异。
6. 气质可以分为_____、_____、_____及抑郁质四种类型。
7. 性格的特征有_____、_____、_____、_____。
8. 在人格的心理特征中，气质_____好坏之分，性格_____好坏之分。
9. 自我意识由_____、_____和_____三部分构成。

三、名词解释

1. 人格　2. 能力　3. 气质　4. 性格　5. 自我意识

四、简述题

1. 马斯洛的需要层次理论及在现实生活中的作用。
2. 医学生该怎样培养良好的自我意识。

（怀化医学高等专科学校　肖瑞建）

第四章 心理卫生

> **学习目标**
> 1. 掌握心理健康的评估标准、青年期心理发展特点及心理卫生。
> 2. 熟悉心理卫生、心理健康的概念；婴幼儿期、儿童期、青少年期、中年期、老年期心理发展特点及心理卫生。
> 3. 了解心理卫生运动简史。

随着科学技术的飞速发展，现代社会生活的节奏日益加快，社会竞争日趋激烈，人际关系越来越复杂，个体在求学、就业、生存、发展中面临的压力不断加大，已严重影响到身心健康。因此，人们对心理卫生服务的需求也会越来越大，心理卫生的重要性已受到广泛关注。医务工作者更要认真学习和掌握心理卫生的相关知识，主动、积极地调节自我及服务对象的心理状态，提高个体心理素质，更好地适应复杂多变的社会环境，提高生存质量。

第一节 概 述

一、心理卫生概念

（一）心理卫生概念

心理卫生（mental hygiene）是指用以维护和增进心理健康、预防心理疾病、更好地适应社会的种种措施。它是以维护和促进人类心理健康与社会适应为目的应用科学，从纵向（个体不同年龄发展阶段的心理特征和心理发展规律）和横向（不同社会群体心理问题）来研究人的健康问题，重点是健康人群的心理保健。通过心理卫生帮助个体自觉、主动、积极地调节自己的心理状态，提高自己适应客观环境的能力。同时心理卫生也为改善个体或群体的生存环境创造了最佳的社会条件，从而达到预防各种心理障碍的目的。

（二）心理卫生运动简史

现代心理卫生运动的兴起是在美国，发起人是美国的比尔斯（Beers）。比尔斯于1908年5月成立了世界上第一个心理卫生组织"康涅狄格州心理卫生协会"，1909年2月，又在纽约成立了全国心理卫生委员会。1917年，全国心理卫生委员会创办了《心理卫生》杂志，采用多种形式宣传普及心理卫生知识，使心理卫生运动逐步在美国形成了一股热潮。

在美国心理卫生运动的推动下，世界许多国家纷纷成立各国的心理卫生组织，各国政府都拨出大量资金资助心理卫生工作的开展。在世界心理卫生运动的影响下，我国的心理卫生运动也逐渐发展起来。1936年，"中国心理卫生协会"在南京成立，后因抗日战争爆发，心理卫生工作随即中断。直到改革开放，我国心理卫生运动开始兴盛，1985年7

月，中国心理卫生协会在山东泰安正式成立。此后，各省、自治区、直辖市纷纷建立分会，与心理卫生相关的研究成果不断涌现，心理健康问题越来越为人们所关注，心理卫生工作也逐渐渗透到各个领域。

> **知识链接——现代心理卫生运动发起人——比尔斯**
>
> 现代心理卫生运动发起人是美国的比尔斯。比尔斯生于1876年，曾就读于耶鲁大学商科。24岁时，比尔斯因精神失常被送入精神病院。在精神病院的三年中，比尔斯亲身体验到精神病患者的痛苦和所受到的虐待。病愈出院后，他立志为改善精神病患者的境遇而努力。1907年，他写了一本自传体著作，取名为《自觉之心》（A mind that found itself）。在书中，他揭露了当时精神病院的冷酷和落后，并且向世人发出改善精神病患者境遇的强烈呼吁。书中的观点得到心理学大师詹姆斯（James）的赞赏和著名精神病学家迈耶（Meyer）的支持。

二、心理健康的评估标准

（一）心理健康概念

心理健康可从广义和狭义两个角度来理解。就广义而言，心理健康是指一种高效而满意的、持续的心理状态。在这种状态下，人能对现实做良好的反应，具有生命的活力，而且能充分发挥其身心潜力。就狭义而言，心理健康是指个体具有正常的认知能力、适宜的情绪体验、健全的人格、和谐的人际关系，对环境具有高效而愉快的适应。心理健康不是绝对的十全十美，而是个体在自身及环境条件许可的范围内能达到最佳的功能状态。

（二）心理健康的评估标准

怎样判断个体心理是否健康？美国心理学家马斯洛提出以下十条评估标准：①有充分的自我安全感；②能充分了解自己，并能恰当估计自己的能力；③生活理想切合实际；④不脱离周围现实环境；⑤能保持人格的完整与和谐；⑥善于从经验中学习；⑦能保持良好的人际关系；⑧能适度地宣泄情感和控制情绪；⑨在符合团体要求的前提下，能有限度地发挥个性；⑩在不违背社会规范的前提下，能适当地满足个人的基本需要。

我国心理学家从个体适应环境的角度提出心理健康的评估标准，概括为：

1. **正常的智力水平** 智力是人一切活动最基本的心理前提，智力发育不全或阻滞属于心理障碍。智力落后者不能顺利完成社会化过程，他们的心理发展水平必然受到影响，甚至难以独立生存。

2. **善于调节与控制情绪** 一个心理健康者，他的心理活动会十分自如，有合理的情绪反应，恰如其分的情感表达。更重要的是情绪稳定性好，不因为情绪影响正常的生活，善于从生活中寻求乐趣，具有调节控制自己的情绪以保持与周围环境的动态平衡的能力。

3. **良好的环境适应能力** 环境适应包括主动适应和被动适应。在人的一生中，环境条件在不断地变化，有时这种变化过于强烈或迅速，个体只能顺应变化。人不仅能适应环境，而且可以通过实践去改造环境以满足自身的需要，这就是主动的适应。

4. 人际关系和谐　人类社会活动需要有正常而充分的社会交往。心理健康者的交往能力也较强，能分享、接受和给予爱及友谊，在与人相处时，尊敬、信任、关心和宽容等常多于仇恨、嫉妒、怀疑和畏惧，因而会有和谐的人际关系，拥有可信赖的朋友，社会支持系统强大而有效。

5. 人格完整　心理健康的最终目标是保持人格的完整，培养健全的人格。人格健康完整主要表现为：人格结构的各要素完整统一，不存在明显的缺陷和偏差；具有正确的自我意识，不产生自我同一性混乱；以积极进取的信念、人生观等作为人格的核心，具有相对完整的心理特征。

第二节　不同年龄阶段的心理卫生

人生的每一时期都有特殊的心理发展问题，处理好每一阶段的特殊问题是个体顺利进入下一人生阶段的关键。因此，应根据个体不同年龄阶段生理、心理发展特点，开展针对性的心理卫生工作，以促进个体的健康成长。

一、婴幼儿期心理卫生

婴幼儿期包含婴儿期（0～3岁）和幼儿期（4岁至6～7岁），是个体生命开始的最初时期。此期身心发展极为迅速，从襁褓生活到直立行走，从牙牙学语到学会用语言表达自己的思想，从仅有感知发展到有一定的思维能力，从完全依赖他人到初具独立生活能力。这样突飞猛进的身心变化将对日后个体智力的发育、行为模式的塑造、人格的形成以及心理健康产生深远的影响，因此有其特殊的心理卫生问题。

（一）婴儿期心理卫生

1. 婴儿心理发展特点　3岁以前的儿童称为婴儿。婴儿脑重已由刚出生时的370 g左右增至1000 g左右，相当于成年人的2/3（成年人平均脑重为1400 g），大脑皮层发育迅速，语言功能发展迅速。记忆特点以无意识记忆、机械记忆、形象记忆占优势。躯体运动日益增多，运动功能得到进一步发展。

2. 婴儿期心理卫生

（1）保证丰富的营养　应充分满足婴儿对营养的需求，尤其是对蛋白质和核酸的需求。提倡母乳喂养，不仅可增加乳儿的免疫力和促进智力发展，更重要的是通过哺乳可增加母亲与孩子在视、听、触摸、语言和情感的交流，使孩子获得心理上的满足。

（2）进行感官、动作、言语三大训练　有意识地为孩子提供适量的视、听、触、味、嗅等刺激，促进其感觉能力的发展。婴儿动作发展的顺序是口、头、四肢、躯体，动作训练应按顺序有计划地进行，使其动作更协调、更灵巧，促进身心健康发展。言语训练可以从4个月开始，1～3岁是婴儿语言迅速发展的时期，随着语言理解能力的提高，语言表达能力也逐渐发展起来。

（3）游戏教育　给孩子提供一个可自由活动的空间，按婴儿身心发展规律进行教育和训练，让婴儿在各项活动中多看、多听、多触摸，促进其感觉能力的发展，并在游戏中进行生活习惯的训练。

（二）幼儿期心理卫生

1. 幼儿心理发展特点　4岁至6~7岁儿童处于幼儿期。幼儿脑重已接近1300 g，其词汇量和语法结构发生了质变，出现了简单的逻辑思维和判断推理，模仿力极强，并出现了独立的愿望，这一时期孩子的活动主要以游戏为主。

知识链接——感觉统合失调

感觉统合（sensory integration）是指将人体器官各部分信息输入组合起来，经大脑统合作用完成对身体内外知觉作出反应。只有经过感觉统合，神经系统的不同部分才能协调整体工作，使个体与环境相适应。任何原因使感觉刺激信息不能在中枢神经系统进行有效的组合，则整个身体不能和谐有效地运动，即称之为感觉统合失调。主要表现为：

1. 前庭平衡功能失常　表现为好动不安，注意力不集中，上课不专心，爱做小动作。感觉统合失调的孩子比一般孩子更容易给家长添麻烦，挑三拣四，很难与其他人同乐，也很难与别人分享玩具和食物，不能考虑别人的需要。

2. 视觉感不良　尽管能长时间地看动画片，玩电动玩具，却无法流利地阅读，常跳行跳字，翻书错页，写字时偏旁部首颠倒，抄错题目或丢三落四等。

3. 听觉感不良　表现为对别人的话听而不见，注意力十分不集中，给人的印象是好忘事，而且是刚讲过的就没记住，常忘记老师说的话和留的作业。

4. 触觉过分敏感　表现为紧张、不合群，害怕受惊扰，害怕陌生的环境，常躁动不安。

5. 动作协调不良　表现为平衡能力差，容易摔倒，不能像正常孩子那样会滚翻、系鞋带、骑车、跳绳和拍球等。

6. 本体统合失调　语言表达能力差，唱歌跑调，说话结巴；手脚笨拙，走路顺拐；缺乏自信，消极退缩。

造成儿童感觉统合失调的原因很复杂，主要与孕育过程中的问题和出生后的抚育方式有关。例如：先兆流产、怀孕时用药或情绪处于应激状态、早产、剖宫产、出生后家长摇抱少，尤其是没让孩子经过爬就会走路，孩子静坐多，活动少，过分限制孩子的活动范围等。

感觉统合失调的纠正办法是进行感觉统合训练。感觉统合训练是由心理专家测试和诊断孩子的感觉统合失调程度和智力发展水平，然后制订训练课程，通过一些特殊研制的器具，以游戏的形式让孩子参与，一般经过1~3个月的训练，就可以取得明显的效果。

---

2. 幼儿期心理卫生

（1）养成良好生活和行为习惯　3~4岁的孩子开始能做些力所能及的事，此时要注意培养孩子良好的生活习惯，如自己起床、穿脱衣服、洗脸刷牙、吃饭喝水等；同时要注意纠正幼儿期常见的不良行为，如遗尿、咬指甲、口吃、厌食等。

（2）丰富其游戏活动　游戏是幼儿的主导活动，也是儿童身心健康发展的重要途径。通过游戏活动，训练他们的各种基本技能，如身体的平衡功能、反应速度、身体的灵活性等，同时也使他们学会与同伴交往，学会遵守规则，培养勇敢、坚强等心理品质。

（3）培养孩子的独立性　幼儿期在心理发展上是个自我中心时期，3岁幼儿就可表现出独立愿望，往往是这要自己来、那要自己干，显得不太听话，这就是孩子的"第一个反抗期"，是独立性开始发展的表现。所以，家长要因势利导，切不可违背规律制服孩子。

（4）塑造良好的人格　从个体人格发展来看，3~7岁是人格发展的关键时期。现在的孩子生活条件优越，各种要求比较容易得到满足。如果不注意人格品质的塑造和培养，就会形成孩子自私的心理，一切都以自我为中心。所以此期塑造孩子良好的人格十分重要。

（5）正确对待孩子的过失和错误　孩子小、知识经验少，许多是非不清，不免会有过失和犯错误。对于孩子的过失和错误要心平气和，教育要耐心仔细，尤其要讲道理，不要让孩子心里感到委屈。在教育孩子时，父母口径要一致，以免使孩子无所适从，不愿接受教育。切忌粗暴的训斥、打骂孩子的行为。

二、童年期心理卫生

童年期又称为学龄期（6~7岁至11~12岁），它是儿童心理发展上的一个重大转折时期，因为这时候儿童的生活要从以游戏为主导转向以学习为主导，要通过学校教学，系统地掌握学习方法和养成良好学习习惯，学会学习。

（一）儿童心理发展特点

1. 认知能力的发展　儿童期是智力发展最快的时期，儿童的感知敏锐性提高，知觉的目的性、随意性、持续性得到发展；有意注意发展，注意稳定性加强；记忆能力从机械记忆逐渐向理解记忆发展；想象力和模仿力极强；形象思维逐步向抽象逻辑思维过渡；口头语言迅速发展，开始掌握书写言语，词汇量不断增加。这些都促使儿童求知欲增强，对周围的一切事物特别是新鲜事物感兴趣。

2. 情绪情感的发展　儿童对事物富于热情，情绪直接、容易外露、波动大，情感内容不断丰富，具有社会性，情感的深刻性和稳定性不断提高，开始懂得控制自己的情绪，知道维护集体荣誉、珍惜友谊、遵守道德等。但控制力比较弱，容易冲动。

3. 人格的发展　儿童期是人格形成的重要阶段，儿童已经高度发展的观察和模仿能力使他们对成年人的一举一动都感兴趣，因而成年人的言行、性格特点及教育方式对儿童性格的形成有着重要的影响。个性品质及道德观念逐步形成，但辨别力差，具有很大的可塑性。

（二）童年期心理卫生

1. 激发学习动机，培养学习兴趣　学龄儿童有强烈的求知欲和好奇心，教育者要积极引导学生正确处理好各门学科的学习安排，处理好课堂学习和各种团体活动的关系，激发学习动机，启迪他们的智力，养成良好的学习习惯，为顺利完成整个小学阶段的学习活动打下良好的心理基础。

2. 建立正常的同伴交往　同伴交往是儿童社会性发展的重要途径，教育者要注意教给儿童社会交往的技能，掌握与同伴交往的策略，指导儿童改变影响同伴接纳的缺点，增强自己的人际吸引力。

> **知识链接——三种类型儿童的交往特点**
>
> 有研究者根据同伴交往的性格特点将儿童分为三种：
>
> 受欢迎型：主要表现为成绩好，办事有主见，独立活动能力强，乐于助人，善于交往和合作。
>
> 不受欢迎型：主要表现为攻击性大，对人不友好，不尊重同伴，缺乏合作精神，爱出坏主意和做恶作剧。
>
> 受忽视型：主要表现为孤僻退缩，依赖性大，较顺从、安静，同伴们并不讨厌他们但也不喜欢他们。

3. 培养集体观念　学龄儿童大部分时间是在学校、班级里，因此教育者要注意培养儿童的集体观念，做到关心集体，尊重他人，团结互助，共同遵守班级行为规范，维护班集体的荣誉。同时在集体活动中，重视儿童各种能力和技能的培养，形成坚强的意志和树立正确的社会道德行为准则的观念。

4. 养成良好的品行　儿童的自我控制与调节能力不够完善，对社会现象辨别能力较差，因此，教育者要帮助他们分析社会上存在各种现象，通过角色扮演、榜样模仿、小组讨论等方式，正确引导，多表扬少批评，逐步培养良好的班风和校风，让学生在良好的氛围中养成良好的品行。

5. 建立良好的亲子关系　进入小学的儿童已经具有一定的自我意识，大人应该学会倾听孩子的心声，让孩子发表自己的见解。同时大人也要尊重孩子的合理的愿望和要求。家庭的重要事情，特别是与孩子有关的事情，一定要与孩子商量，要在家庭内部建立民主平等、相互尊重的亲子关系，让孩子与父母能够平等相处。

三、青少年期心理卫生

青少年期是儿童期到青年期的过渡时期，也称青春发育期（11～12岁至17～18岁）。这是个体生长发育过程中的一个特殊需要阶段，既有儿童期的痕迹，又是成人期的萌芽。由于心理变化最为剧烈，人们常用"极不稳定期"或"狂风暴雨"来概括动荡复杂的青少年期的特征。

（一）青少年期心理发展特点

随着身体各个方面都在迅速发育并逐渐达到成熟，而心理发展的速度却远跟不上其生理的发展，这就造成青少年在身心发展上的特殊性，主要表现在：认知水平由较低级向较高水平发展，思维形式由直观形象思维发展到抽象逻辑思维，记忆能力达到一生中高峰时期，理解记忆强，智力发展到了一个新的水平，概括能力、解决问题的能力全面提高；情绪情感体验敏感而不稳定，反应快而强烈但不够持久；自我意识增强，希望能够独立支配和调节自己的活动和行为，出现心理发展上的"第二反抗期"；随着性功能的逐渐成熟，性意识开始觉醒，产生朦胧的对异性的好奇、接近倾向。

（二）青少年期心理卫生

1. 顺利度过第二反抗期　青少年的"成人感"是其自我意识形成和发展的标志，他们渴望具有与成人一样平等的地位和权利，像成人一样承担一定的社会义务和责任，他们害怕别人把他们看成是"小孩子"。因此，家长和教师对他们的评价要做到恰如其分，尊重他们的权利和地位。耐心倾听他们的意见和要求，帮助他们学会客观地、全面地看待别人和自己，学会辩证地分析问题，使他们平稳地度过"心理断乳期"，顺利地进入成人社会。

2. 培养情绪调控能力　青少年的情绪发展较快，但变化无常，难于自控，行为也往往带有情绪性色彩。因此，家长和老师应该帮助青少年改变产生消极情绪的错误观念，利用积极的情绪体验进行正面教育，同时教给青少年一些情绪调节技巧，经常保持愉快、乐观、向上的情绪。

3. 协调人际关系　家庭成员之间和睦相处，是形成融洽的亲子关系的关键。随着集体生活的扩展，同学间的交往日益增多。因此，要注意培养青少年的集体荣誉感、责任感，正确处理自己与他人、集体的关系。鼓励青少年多交能互助互励的朋友，学会互相尊重，乐于与人分享，建立起和谐的师生关系和同学关系。

4. 引导性心理健康发展　性心理卫生是青春期心理健康的重要组成部分。性功能的发育成熟导致性意识的发展，对性的好奇和对性知识的需求，是性发育和性心理发展的必然产物。这时两性间开始出现一种关注和情感上的吸引，有彼此接近的需求和倾向。因此，应该向青少年介绍青春期性生理、性心理知识，消除他们对性、对异性的神秘感，使他们以积极的态度迎接生理上的突变。鼓励男女学生正常的交往，要懂得尊重异性，分清爱情与友谊两者的界限，还要教育他们做到自尊自爱，学会自我保护和珍惜贞操。随着性功能的发育成熟，会产生性冲动。自制力强的青少年，能用意志调节情感、转移性冲动，把精力集中在求知上，集中在各项有益的活动中。因此，应创造机会让青少年参加各种社团活动，从而把注意力转移到有兴趣的事情上并得到精神上的满足和欢乐。在各种有益的活动中注意增强青少年的自制力，使他们能理智地驾驭自己的情感，当性冲动产生时能很好地加以控制。

知识链接——青春期性心理发展阶段

生殖器官的发育和第二性征的出现对青少年的心理、行为带来较大变化。青少年在性心理上一般都要经过以下三个发展阶段：

1. 对异性的疏远期　进入青春期的最初阶段，由于男女少年在生理形态上、功能上的差别日益明显，以及对两性关系的一知半解，他们结束了童年那种无拘无束地打闹嬉笑的时期，男孩女孩之间会产生一种对异性的陌生感、羞怯感、不安感、厌恶感和畏惧感，从而出现了对异性的暂时疏远。男女之间相互很少往来，更忌讳个别交往。这一阶段大约出现在小学高年级及初中低年级。

2. 对异性关注与接近期　中学生在生理发育过程中，对性有了基本了解，加上社会生活中两性关系印象的加深，男女同学间就有彼此接近的需要，产生了相互吸引的心理，喜欢一起游戏，一起做作业，一起参加各种社会活动等。这一阶段大约在初二、初三年级逐渐明显。

3. 对异性的追求与爱恋期　随着对异性关注的增多和接近的频繁，青少年已经能感受到异性吸引的情感撞击。由于对友情与爱情的认识不够深刻，有些孩子则可能进入模仿性的"初恋"期。这个年龄段的青少年"初恋"对象并不是稳定不变的，他们感到可爱的异性不止一个，会同时与几个异性接近。因此，既不能把他们的"初恋"看得过重，也不能放任自流。

四、青年期心理卫生

青年期（17~18岁至35岁）是人生中生命力最旺盛，最富有理想和朝气，最有特色的"黄金时代"，也是脱离孩提时代的认知方式和生活方式创造新的自我观念，从心理上构建人生价值的时期。在这一时期心理变化最为剧烈复杂和动荡，也是容易发生各种心理行为问题乃至精神疾病的高峰期。因此，讲究青年期心理卫生，具有特别重要的意义。

（一）青年期心理发展特点

1. **自我意识快速发展**　随着智力的迅速发展，知识的增加和视野的扩大，青年开始注意到在自己的内部世界还存在着"本质"的"我"，并开始将注意力集中到发现自我，关心自我的存在上来，他们开始审视、思考着自己的现在，并不断憧憬着自己的未来。

2. **认知力旺盛**　青年期是智力发展的高峰期，青年人的观察力、记忆力、理解力、想象力等不断增强，注意力稳定而又可灵活转移，求知欲强，思维敏锐，对新事物极为敏感，容易接受，还富于想象。分析问题、解决问题的能力也得到充分发展，表现出认知力旺盛的特点。

3. **情绪情感丰富强烈但不稳定**　青年人精力充沛，喜欢接受新鲜事物，因而会产生丰富多彩的情绪情感体验。但遇事容易激动，情绪表现出强烈但不稳定、难持久的特征，出现明显的两极性。情感体验进入最丰富的时期，细腻而敏感，情感的内容深刻且带有明显的倾向性。

4. **人格逐渐成熟**　青年期是人格形成与成熟的重要时期，随着社会化的进程的大大加快，青年人生观、世界观、价值观已初步形成，同时，逐渐形成较为稳定的人格特征。

知识链接——自我统合

自我统合（ego identity）是埃里克森（Eriksson）在他的心理社会发展理论中提出的一个概念。所谓自我统合是指个体尝试把与自己有关的多个层面统合起来，形成一个自己觉得协调一致的自我整体。个体进入青年期后，由于身心两方面都发生了很大的变化，个人开始从自我现状、生理特征、社会期待、以往经验、现实环境等方面去思考关于"自我"的问题，统而合之，用以回答"我是谁？"、"我将走向何方？"两大问题。可见自我统合是个体了解自我与追寻自我的必经历程。

统合危机（identity crisis）指个体自我成长中因无法在环境中确定自己的方向而有迷失感和焦虑感的心理压力。个体对"我是谁？"、"我来自何处？"及"我走向何方？"等问题，均无法将自己的条件、环境限制以及人际关系等因素统合在一起获得答案。统合危机的心理压力，在青年期尤为显著。

青年期个体形成自我统合的途径包括：努力改善现实自我，使之逐渐接近理想自我；修正理想自我中的不合理成分，使之接近现实自我；放弃理想自我而迁就现实自我。无论哪种途径，只要统合后的自我是完整的、协调的、充实的，就是积极和健康的自我统合。

（二）青年期心理卫生

1. **树立正确的自我意识**　青年期自我意识的迅猛发展让青年人的成人感、独立感越来越强烈，但"理想我"与"现实我"有较大距离。因此，应该引导青年人客观地认识和分析自身的各方面条件和能力，学会把自我放在与社会、集体、他人及自身前后的对比中来认识和评价，主动地进行自我调节、自我控制和自我教育，并鼓励他们积极参与社会实践，扩大知识面，丰富生活经验，不断完善自我意识。

2. 建立和谐的人际关系　由于对内心世界的关注使得青年人有着强烈的自尊心，许多思想情感不轻易向他人吐露，在一个阶段里造成青年心理上的闭锁性。这种闭锁性导致与父母、师长及交往熟悉的人之间产生距离，感到缺乏可以倾诉衷肠的知心人。因此，应指导年轻人掌握基本的人际交往的原则和必要的沟通技巧，妥善处理好与父母、兄妹、朋友、师生、领导、同事以及与异性之间的关系，建立起和谐的人际关系。

3. 培养成与败的心理承受力　人生成与败相伴而行，应教育年轻人要具有承受挫折和失败的风险意识和心理准备，注意克服经历贫乏、好胜而缺乏韧性的弱点。引导他们确定好自己的人生目标，脚踏实地，坚持不懈地去努力奋斗。切忌朝三暮四，虎头蛇尾或半途而废。

4. 树立正确的婚恋观　恋爱、婚姻是青年期要解决的一件大事。爱情是婚姻的基础，青年人在恋爱择偶时，应树立正确的婚恋观，要注意学习有关恋爱、婚姻方面的心理学知识，了解男女在婚恋过程中的心理差异，全面分析理想对象在现实生活中实现的可能性，懂得恋爱婚姻意味着自己对对方的责任，应理智对待。正确权衡恋爱婚姻对学业、事业和工作的影响，不可感情用事。同时，要在道德和法律允许的范围内恋爱、结婚。

5. 提高社会适应和职业适应的能力　青年期个体开始走向社会，开始对自己、他人、家庭及社会承担责任和义务。因此，应引导青年人根据社会需要和发展趋势，客观分析自己的优势与不足，确定适度的抱负水平，树立正确的择业就业观，拓宽职业视野，选择自己喜爱的职业，培养对职业的兴趣，以便取得取得良好的工作效果和提高工作效率。同时，还需不断扩展知识面。在知识经济社会里，更多的工作需要劳动者有良好的科学文化素养，坚实的专业技术知识和勇于开拓的创新能力。广博的知识可以使青年人在不同职业中有更多的选择余地和更强的适应能力。所以，不断学习新知识，是知识经济时代下青年人职业适应的先决条件。

五、中年期心理卫生

按世界卫生组织（WHO）1991年提出的标准，中年期是指45～59岁的人群。我国习惯上是指35～59岁这一时期。中年期是个体由盛转衰的时期，人体的各个系统、器官和组织的生理功能从成熟走向衰退。同时中年期也是人一生中身心负荷最重的时期，因此，中年期的心理卫生问题也尤为突出。

（一）中年期心理发展特点

1. 心理发展日趋成熟　中年人生活方式基本定型，随着生活阅历的丰富，积累的知识经验日益增加，认识问题有了相当的广度、深度，即使遇到复杂事情，他们也会较好地控制自己的情绪情感和行为反应，并根据自己所处的客观情境来调节自己的情绪情感。同时也具有保持群体意义上的平衡能力，群体关系较为融洽。

2. 心理活动能力继续发展并不断提高　中年时期，个体的思维能力达到了较高的水平，善于分析并做出理智的判断，有独立的见解和较强的独立解决问题的能力。能够根据环境、社会的变化自觉调整自己的心态与生活目标。一经确定目标，很多中年人可以克服困难，坚定不移地创造条件为达到目标而奋斗。因此，中年时期是最容易出成果和取得事业成功的阶段。

3. 心理冲突较为严重　心理活动能力的不断提高使得中年人认为自己应该成就事业，有所建树。但面对身体生理功能的日渐衰退，又使中年人感觉力不从心。于是各种矛盾冲突越来越严重，例如，高度的社会责任感与身心能力不足的矛盾，希望健康与忽视疾病的矛盾，渴望事业有成与家庭拖累的矛盾等。这些矛盾时常会引发种种心理困扰，出现焦虑、失望、烦躁、忧郁等不良情绪。

4. 更年期的心理变化　更年期是生命周期中从中年向老年过渡的阶段，女性在45～55岁，男性在55～60岁。进入更年期，个体会出现一系列生理反应，这些生理反应往往导致心理上的变化，常表现为精神紧张、焦虑、多疑、固执、偏激、易激惹等，特别关心个人及家人的健康，身体稍有不适，便四处求医，生怕得什么大病，对工作或家中的事情特别操心，事无巨细，都要一一过问。

(二) 中年期心理卫生

1. 重新定义成功，调整抱负水平　中年人应该对自己的体力与能力要有正确的认识和估计，注意劳逸结合，应特别注意量力而行地处理日常事务，工作计划应留有余地，切莫把目标定得太高，不要过分苛求自己。

2. 保持和谐的人际关系　步入中年，儿女离家上学或已成家，社会角色的变化，加上学习工作繁忙，许多原来的人际关系会发生一些变化，需要中年人作重新的调整。要和同事融洽相处，妥善处理好家庭中各成员的关系，多参加有益的社交活动，避免孤独。

3. 学会休闲　现代社会生活节奏快，工作忙碌，很多中年人处于长期紧张状态。因此，中年期尤其是中年后期要注意合理安排休闲时间，睡个懒觉、看看电视、郊游、聚会、访友，参加一些职业性活动或社会活动等，既健身健脑，又能结交新知，丰富情感生活。

4. 重视感情生活的调节　人到中年，感情生活已进入了夫妻相互眷恋的深沉期。若因为工作任务太重，家庭琐事太多而忽视双方的感情交流，就会导致夫妻间的隔阂和疏远。因此，夫妻之间要重视沟通，做好感情生活的调节。要做到相互信任和尊重，彼此理解和体谅，尽量创造丰富多彩的家庭生活，创造和谐的生活环境。

5. 调节性心理，改善婚姻关系　人到中年，男女性生理和心理会有很大差异。中年女性（尤其是40岁以后）面对的是自己性能力衰退和丈夫性欲旺盛的局面。夫妻双方首先要明白这种性能力的差异变化是正常的，是符合自然规律的。要接受彼此生理的变化，满足彼此的需要，增进婚姻满足感。

6. 平稳度过更年期　更年期是生命的必然过程，属于功能性变化，不是器质性病变。所以在更年期来临前要有心理准备，坦然地迎接这一变化，正确对待症状，善于自我宽解，适当调理，使机体功能早日恢复平稳。对于有明显更年期症状的要进行适当的药物治疗与心理疏导，以便顺利平稳地度过更年期。

六、老年期心理卫生

根据年龄的划分，一般将60岁以上的年龄段称为老年期。随着我国人口老龄化进程的加快，有关老年人的生理、心理保健已成为人们关注的热点，如何延缓衰老，提高老年群体的心理健康水平，使他们身心愉快地安度晚年，已逐步引起了全社会的重视，也成为医学及相关学科研究的重要课题之一。

（一）老年期心理发展特点

1. 认知能力下降　老年人随着年龄的增大，脑功能趋向衰退，智力水平有所下降，主要为近事易遗忘，但远期记忆保持效果好，对往事的回忆准确而生动。机械记忆能力下降，速记、强记困难，但有意记忆是主导，理解性、逻辑性记忆常不逊色。迷恋往事，保守，重视传统，思维缺乏创造性。

2. 丧失感与孤独感　老年人从繁忙的工作状态转为退休，离开了多年的工作岗位和同事，工作及生活环境变了，活动重心变了，生活节奏慢了，经济收入下降了，加上子女长大离家，亲人或同辈的去世，易让老人们产生失落感、孤独感和被遗弃感。

3. 性格改变　随着年龄的增大，老年人人格出现较大变化，表现为沉默少言、多虑、多疑、心烦、怀旧、喜欢独处，也可能由原来的温和、沉稳变得专横、武断，灵活性差，过分地相信自己的经验，以自我为中心，不易接受新鲜事物，常沉湎于往事回忆中，有的甚至变得傲慢、偏见、盲目自尊，听不进别人的劝说。

4. 疑病和病态心理　研究表明，半数以上的老年人有疑病倾向。由于老年人的注意力已从对外界事物的关心转向自身，过分的关注让老年人常常感觉有头晕头痛、耳鸣、胃肠道功能异常以及失眠等。猜疑心重，对周围人不信任感增强，常计较别人的言谈举止，严重者甚至认为有人害自己，有人要偷拿自己的东西等。

知识链接——空巢家庭

空巢家庭原是社会学者在研究"家庭生命周期"时提出的一个概念。在家庭生命周期理论中，空巢是家庭生命周期发展的最后一个阶段，指核心家庭里最后一个孩子离开父母家，子女都不在身边的老年人家庭，又称"空巢家庭"。空巢现象是一种社会现象，它关系到现代化的进程、人们的生存质量、社会安定，是全面实现小康社会的一个重要参数。因此，研究空巢家庭具有广泛的社会意义。

空巢家庭的成因是多因素的，包括个人、家庭、社会等综合作用的结果。其中，以社会原因为主要因素。在现代化建设过程中，我国经济发展加快，工作变动日益频繁，就业等因素促进人口流动性加大，子女在工作后纷纷离开父母而身居异地，即使与父母同住本地，相继独立成家之后，仍然会出现"人去楼空"的空巢现象。另外，多数子女虽然有孝心，但工作生活的压力使他们无暇顾及老人，在住房条件和经济条件允许的情况下，父母和子女分开居住，便出现了空巢家庭。

空巢严重影响老年人的身心健康，老年人由于缺乏与子女和亲友之间的交流，在感情上和心理上失去支柱，尤其是孤身一人的老人，表现更为突出，感到心情低落、孤独和寂寞，对自己的存在价值表示怀疑，陷入无趣、无欲、无望、无助的状态。严重者会产生老年精神障碍、老年痴呆症等疾病。

空巢除了影响老年人身心健康以外，还可以引起一系列的社会问题，如老年人的生命安全问题，由于生活缺乏照顾，一旦生病，子女不在身边，就会有诸多不便。老年人发病常常很突然，当家中无人或抢救不及时，老人的生命就会受到威胁。所以，空巢家庭问题实质就是老年安全带发生危机。另外，空巢还会带来诸如老年人生活的经济供给、医疗保健、疾病看护等方面的问题。

（二）老年期心理卫生

1. **更新观念，减缓心理衰老**　引导老年人认识到一个人从幼到老、从盛到衰的自然过程是必然规律。身体的衰老不可避免，心理的衰老却可以减缓。只有采取健康向上的生活态度，才能预防心理衰老。

2. **调节情绪，保持平常心态**　乐观情绪可以使人体增强免疫力，使身心调节到最佳状态。要开导老年人知足常乐，保持豁达开朗的心胸，不斤斤计较，学会包容、体谅、自我安慰。

3. **培养健康有益的情趣**　老年人应该根据自己的身体条件和兴趣爱好，把生活内容安排得充实些。注意多与同龄人交流心得，扩大交往，改善人际关系，有效地消除孤独感。

4. **适当的劳动和适度锻炼**　生物学家的研究已经证明人的机体是"用进废退"，科学合理的运动和适当的劳动是预防疾病，健康长寿的重要因素。坚持适度体育锻炼，如徒步行走、太极拳、舞蹈等，既能陶冶情操，调节神经功能，又能锻炼身体、增强体质，从而达到增进身心健康的目的。需要注意的是老年人的运动要做到科学、适量，合理安排，循序渐进，坚持不懈，还要注意安全。

5. **倡导良好的社会风尚**　良好的社会、家庭氛围有利于老年人的身心健康，要提倡敬老爱老养老的传统美德，子女虽然不再与老人同住，但仍然是老年人最主要、最有希望的依托。子女要加强与父母的联系，要经常回家探望父母或者电话问候，不仅在物质上，还要在精神上多关心、多照顾老人，多与老人沟通。研究表明，从家庭和亲友中得到支持是进一步改善老年人心理健康状况，提高空巢老人生活质量的关键。

6. **完善社会支持系统**　建立合适的社区服务体系和健全养老保险制度，充分调动国家、集体、个人的积极性，全社会都来关注老年人的生活状态和身心健康。建立社区养老机构，完善其服务功能，满足老年人的归属需要，并通过其服务项目既能让老年人施展才华、发挥余热，又能达到相互的沟通、娱乐或锻炼的目的。

本章小结

1. 心理卫生是指用以维护和增进心理健康、预防心理疾病、更好适应社会的种种措施。心理卫生的目标是促进个体心理健康，提高心理素质。

2. 心理健康，就广义而言是指一种高效而满意的、持续的心理状态；就狭义而言是指个体具有正常的认知能力，适宜的情绪体验，健全的人格，和谐的人际关系，对环境具有高效而愉快的适应。

3. 心理健康的评估标准包括正常的智力水平、善于调节与控制情绪、良好的环境适应能力、人际关系和谐、人格完整。

4. 个体不同年龄阶段心理发展特点不同，其心理保健的重点也有所侧重：

（1）婴儿期心理发展特点是大脑皮层发育迅速，语言功能发展迅速；记忆以无意识记忆、机械记忆、形象记忆占优势；躯体运动日益增多，运动机能得到进一步发展。婴儿期心理卫生是：①保证丰富的营养；②进行感官、动作、言语三大训练；③游戏教育。

(2) 幼儿期心理发展特点是词汇量和语法结构发生质变；思维出现了简单的逻辑思维和判断推理；模仿力极强，并出现了独立的愿望；活动以游戏为主导。幼儿期心理卫生是：①养成良好生活和行为习惯；②丰富其游戏活动；③培养孩子的独立性；④塑造良好的人格；⑤正确对待孩子的过失和错误。(3) 童年期心理特点包括认知力的发展、情绪情感的发展和人格的发展。童年期心理卫生是：①激发学习动机，培养学习兴趣；②建立正常的同伴交往；③培养集体观念；④养成良好的品行；⑤建立良好的亲子关系。

(4) 青少年期心理发展特点是认知水平有较高发展；思维形式由直观形象思维发展到抽象逻辑思维；记忆能力达到一生中高峰期；概括能力、解决问题的能力全面提高；情绪情感体验敏感而不稳定，反应快而强烈但不够持久；自我意识增强，进入心理发展上的"第二反抗期"；性意识开始觉醒。青少年心理卫生是：①顺利度过第二反抗期；②培养情绪调控能力；③协调好人际关系；④引导性心理健康发展。

(5) 青年期心理特点是自我意识快速发展；认知力旺盛；情绪情感丰富强烈但不稳定；人格逐渐成熟。青年期心理卫生是：①树立正确的自我意识；②建立和谐的人际关系；③培养成与败的心理承受力；④树立正确的婚恋观。

(6) 中年期心理特点是心理发展日趋成熟；心理活动能力继续发展并不断提高；心理冲突较为严重；更年期的心理变化。中年期心理卫生是：①重新定义成功，调整抱负水平；②保持和谐的人际关系；③学会休闲；④做好感情生活的调节；⑤调节性心理，改善婚姻关系；⑥平稳度过更年期。

(7) 老年期心理发展特点是认知能力下降；丧失感与孤独感；性格改变；疑病和病态心理。老年期心理卫生是：①更新观念，减缓心理衰老；②调节情绪，保持平常心态；③培养健康有益的情趣；④适当的劳动和适度锻炼；⑤倡导良好的社会风尚；⑥完善社会支持系统。

自测题

一、单项选择题

1. 人一切活动的最基本的心理前提是
   A. 正常的智力水平　　　　　　　　B. 良好的环境适应力
   C. 人格完整　　　　　　　　　　　D. 人际关系和谐
2. 关于幼儿期心理卫生的重点，不恰当的做法是
   A. 养成良好生活和行为习惯　　　　B. 注意培养孩子的独立性
   C. 加强进行读、写、算的早期教育　D. 塑造良好的人格
3. 介绍性生理、性心理知识，消除对性、异性的神秘感等性心理卫生内容是哪一阶段心理健康教育的重要组成部分
   A. 儿童期　　　B. 青少年期　　　C. 青年期　　　D. 中年期
4. 中年期身心发展最突出的特点是
   A. 性意识的发展并日渐强烈　　　　B. 是人格形成与成熟的重要时期

  C. 各系统的功能活动明显下降   D. 心理能力的继续增长和体力的逐渐衰减
 5. 关于更年期心理卫生，错误的观点是
  A. 保持愉快情绪   B. 自我调节，消除更年期
  C. 生活要有规律   D. 症状明显者可适当用药
 6. 关于老年期身心特点，不正确是的
  A. 丧失感与孤独感强烈   B. 性格改变
  C. 记忆力严重下降，什么事都记不起来   D. 多有疑病倾向

二、填空题

1. 婴儿期要注意对孩子进行_____、_____、_____三大训练。
2. _____是人格发展的关键时期，此时应注意_____。
3. 学龄儿童的活动已经由以_____为主导转向以_____为主导，是儿童心理发展上一个重要的转折时期。
4. 个体发展的"第一反抗期"是在_____期，"第二反抗期"是在_____期。
5. 离退休后的老人生活环境变了，生活节奏慢了，心理上容易产生_____和_____。

三、名词解释

1. 心理卫生 2. 心理健康

四、简述题

1. 简述心理健康评的评估标准。
2. 试述青年期心理发展特点及心理卫生重点。

（柳州医学高等专科学校 蓝琼丽）

第五章　心理应激与心身疾病

> **学习目标**
> 1. 掌握心理应激、心理防御机制、心身疾病的概念；心理应激反应的类型；应激对健康的影响。
> 2. 熟悉常见的心理防御机制；常见心身疾病的心理社会因素及防治。
> 3. 了解生理性应激反应；心身疾病的心身疾病的分类、病因与发病机制。

现代医学模式强调社会心理因素与健康、疾病的联系。人们对于日常发生的事物，每个人的认知评价不同，其对事物的认识产生的应激反应是不同的，不同的应激反应引发不同的生理、心理变化。适度的应激对个体的成长，发展和器官功能活动都有积极的促进作用，但应激原过强或作用较久，超过个体的适应承受能力，则可使机体的生理、心理产生损伤性的变化，破坏机体的动态平衡，使机体抗病能力下降，身体器官发生器质性改变，或者使已有的疾病加速或复发，引发心身疾病。

第一节　心 理 应 激

一、心理应激概念

应激（stress）一词最初来源于物理学，原意是指一个系统在外力的作用下，竭尽全力的对抗过程。1936年，加拿大著名生理学家塞里（Selye）将"应激"的概念应用于生物医学领域，他认为"应激是机体对紧张刺激的一种非特异性的适应性反应"，是机体对有害刺激做出的具有保护性和适应性功能的防卫反应。

心理应激是指个体"察觉"环境刺激对生理、心理及社会系统过重负担时的整体现象，所引起的反应可以是适应的或适应不良的。应激作为一个动态过程分为输入、中介、反应、结果四个部分，见图5-1。

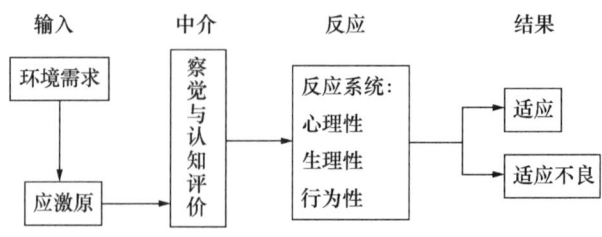

图5-1　应激处理过程的心理模式

二、应激原

应激原(stressor)是指可以引起心理和(或)生理反应的紧张刺激物。应激原可分为躯体性应激原、心理性应激原、社会性应激原、文化性应激原四类。

1. **躯体性应激原** 是指直接作用于人的机体,产生刺激作用的理化与生物学刺激物。如高温、辐射、电击、外伤、病原微生物感染及各类疾病等。这类应激原的特点是先引起生理反应,通过人们对生理反应的认知评价,导致应激状态和心理反应。

2. **心理性应激原** 指个体因认知水平、价值观念、宗教信仰、伦理道德所致的强烈的心理冲突,主要表现为在满足基本需要和愿望过程中所遭受的各种挫折。

3. **社会性应激原** 范围比较广泛,包括应激性生活事件(结婚、乔迁新居、升职、丧偶、离婚、患病等);日常生活困扰(儿童不服从家长管教;老年人孤独、寂寞等);职业性应激原(劳动条件、工作负荷、人际关系、社会地位变动等)以及环境应激原(地震、洪水、泥石流、战争、政治、经济变动、环境污染等)。

4. **文化性应激原** 是指因语言、风俗、习惯、生活方式、宗教信仰等引起应激的刺激或情境。如迁居异国他乡;语言环境改变引起的"文化性迁移"等。

知识链接——社会再适应量表

生活中重大的变故称为生活事件。分为正性和负性生活事件。正性生活事件对当事人来说是积极的、愉快的事件。负性生活事件对当事人来说是消极的、不愉快的事件。

美国学者霍尔姆斯(Holmes TH)及雷赫(Rahe RH)对5000余人进行的社会调查和实验后编制了以生活变化单位(life change units, LCU)为定量的社会再适应评定量表(social readjustment rating scale, SRRS),是目前研究心理、社会因素与疾病关系的重要手段。LCU结果显示:一年累计超过300,预示今后2年内将有重大的病患;若一年LCU不超过150,则预示来年可能是健康平安;LCU为150~300,则有50%的可能来年患病。LCU超过300,来年患病的可能性达70%(表5-1)。

表5-1 社会再适应量表

变化事件	LCU	变化事件	LCU
1. 配偶死亡	100	6. 个人受伤或患病	53
2. 离婚	73	7. 结婚	50
3. 夫妇分居	65	8. 被解雇	47
4. 坐牢	63	9. 复婚	45
5. 亲密家庭成员丧亡	63	10. 退休	45

续表

变化事件	LCU	变化事件	LCU
11. 家庭成员健康变化	44	27. 入学或毕业	26
12. 妊娠	40	28. 生活条件变化	25
13. 性功能障碍	39	29. 个人习惯的改变(衣着、习俗、交际等)	24
14. 增加新的家庭成员（出生、过继老人迁入）	39	30. 与上级矛盾	23
		31. 工作时间或条件变化	20
15. 业务上的再调整	39	32. 迁居	20
16. 经济状态的变化	38	33. 转学	20
17. 好友丧亡	37	34. 消遣娱乐的变化	19
18. 改行	36	35. 宗教活动的变化	19
19. 夫妻多次吵架	35	36. 社会活动的变化	18
20. 中等负债	31	37. 少量负债	17
21. 取消赎回抵押品	30	38. 睡眠习惯变异	16
22. 所负担工作责任方面的变化	29	39. 生活在一起的家庭人数变化	15
23. 子女离家	29	40. 饮食习惯变异	15
24. 姻亲纠纷	29	41. 休假	13
25. 个人取得显著成就	28	42. 圣诞节	12
26. 配偶参加或停止工作	26	43. 微小的违法行为(如违章穿马路等)	11

注：（资料来源：Holmes TH and Rahe RH. The Social Readjustment Rating Scale. J Psychosom Res，1967，11：213~218)

三、应激反应

应激反应是指机体经认知评价而察觉到环境中应激原的威胁后，出现的各种生理、心理及社会行为的变化。根据应激反应的内容与涉及的系统可分为生理性应激反应和心理性应激反应。

（一）生理性应激反应

在应激状态下，大脑通过神经系统、下丘脑-腺垂体-靶腺轴和免疫系统来调节人的各种生理反应活动。塞里把这一系列反应称为"全身适应综合征"（generat adaptation syndrome，GAS），由三个连续的生理阶段组成：一是警觉阶段，机体为应对有害刺激而唤起体内整个的防御能力；二是阻抗阶段，持续的有害刺激，促进机体合成代谢，增强对应激原的抵抗；三是衰竭阶段，持续严重的有害刺激，使机体丧失抵抗能力而出现衰竭。

1. 交感-肾上腺髓质系统 美国著名生理心理学家坎农（Walter Bradford Cannon）20世纪30年代研究发现，当机体处于强烈的应激状态时，交感-肾上腺髓质系统活动明显增强。表现为交感神经兴奋性增强，心跳加快，血压升高，呼吸加深加快；肝糖原加速分解而使血糖升高；儿茶酚胺分泌增多，使中枢神经系统兴奋性增强，机体变得警觉、敏感。有些人可出现副交感神经活动相对增强，如心率减慢、心输出量减少、血压下降和血糖降低等，导致眩晕和休克。

2. 下丘脑-腺垂体-靶腺轴　在心理应激状态下，下丘脑-腺垂体-肾上腺皮质轴活动增强，促肾上腺皮质激素（ACTH）和糖皮质激素升高。研究发现，去除肾上腺髓质的动物虽然产生应激反应，但后果并不严重，而肾上腺皮质功能不全的动物，应激反应减弱，甚至会发生生命危险，说明 ACTH 和糖皮质激素在应激反应中具有重要作用。

3. 免疫系统　心理神经免疫学研究表明，脑与免疫系统有神经和体液的联系，一方面神经系统通过去甲肾上腺素、5-羟色胺等递质作用于免疫细胞上的受体，另一方面下丘脑通过促肾上腺皮质激素、内啡肽，与淋巴细胞表面的受体结合。当机体处于应激状态下，交感-肾上腺系统兴奋可促进儿茶酚胺及阿片样物质的释放，作用于淋巴细胞受体而发挥免疫调节作用。长期严重的心理应激可导致免疫器官和组织细胞退化或萎缩，产生抗体反应抑制，巨噬细胞活动能力下降等一系列变化，机体抗感染、抗过敏和自身免疫能力下降。

（二）心理性应激反应

心理性应激反应包括积极的心理反应和消极的心理反应。积极的心理反应促进大脑适度的皮层唤醒和情绪唤醒，集中注意力，主动积极地调整思维，客观地评定应激原的性质，进行理性的判断，选择恰当的应对策略，从而维持应激期间的心理平衡。消极的心理反应是指过度唤醒，造成人的认识紊乱和自我评价降低，不能准确地评定应激原，作出正确的决策，采取适当的行动。从反应的形式上可分为：

1. 认知应激反应　适度的应激状态有助于个体增强感知能力，思维敏捷，动作灵敏。但强烈的应激则对认知活动产生不良影响，导致注意力、思维能力、记忆力降低，出现感觉过敏，思维、语言迟钝或混乱、自知力下降、自我评价降低等现象。

2. 情绪应激反应　焦虑是最常见的心理应激反应，其次是恐惧、愤怒和抑郁等多种负性情绪。多数情况下，应激原消除后，情绪反应就会消失。如果负性情绪持续时间过长，强度过高，将严重损害人的认知功能，破坏心理平衡，引发焦虑症、抑郁症等各种心理、生理疾病。

3. 行为应激反应　应激状态下，个体可表现出苦恼面部表情、声音变调、颤抖、痉挛、激动不安等。当应激的唤起超过了机体所能承受的水平时，机体的动作协调和行为技能的有效发挥都会受到影响。表现为动作笨拙、僵硬或颤抖，有的表现为攻击、争吵，有的则表现为回避、退缩。

四、心理防御机制

（一）心理防御机制的概念

心理防御机制（mental defense mechanism）的概念由弗洛伊德于 19 世纪末提出。是指个体在遇到困难、挫折或处于应激状态时采用自己能够接受的方式来解释和处理由主、客观因素引起的内心矛盾冲突，以减轻心理压力和烦恼，保持情绪活动的稳定和正常行为状态的心理功能。在生活中，每一个体都会用心理防御机制来应付挫折和减少焦虑，但由于人们所遭遇的应激原不同，因而每个人采用的心理防御机制也各不相同。

（二）心理防御机制的常见表现形式

1. 潜抑（repression）　是指将不能被意识所接受的那些具有威胁性的欲望、冲动或情感体验等在不知不觉中抑制到潜意识中去的方法。由于潜抑作用不是遗忘，因此在人失言、失态等情况下会真实流露。

2. 否定（denial） 指个体对于已经发生的令人不愉快或痛苦的事实加以否定或彻底忘掉，以躲避心理痛苦。如儿童打碎东西时，常常用手捂住自己的眼睛，当做没这回事，以此减轻心理上的负担。

3. 补偿（restitution） 指个体的某些愿望或目标无法实现时，采取其他方法来弥补心理的不平衡。如失之东隅，收之桑榆。

4. 幻想（fantasy） 指在现实生活中遇到无法克服的困难和阻力时，任凭想象和幻觉，使自己与现实暂时脱离开，想象目标实现后的美好结局，以得到内心的暂时满足。

5. 转移（transfer） 指原先对某些对象的情感、欲望或态度，因不符合社会规范或不为自我意识所允许等原因，不能直接表现出来，而把它转移到一个较安全、较为大家所接受的对象身上，减轻心理上的焦虑。如有位被上司责备的先生因情绪不佳，回家后就借题发挥骂了太太。

6. 投射（projection） 指个体不自觉地把自己的过失或不为社会认可的欲念加诸他人，来减轻内心焦虑。包括内投射和外投射。内投射是把外界的事物内化成自己的一部分。如失去亲人时，常会回忆或模仿亲人的言行，以减轻内心失去爱的痛苦。外投射是以自己的想法去推想外界的事实。如"以小人之心度君子之腹"等。

7. 反向形成（reaction formation） 指受社会道德或行为规范的制约，将潜意识中不能直接表达的原始欲望或冲动以完全相反的形式表现出来。如社交恐怖的人往往是潜意识中渴望接触他人，当他人表现出比一般情况过多的爱，热情和关心时，使得接受者感到不安和有所企图，表现出来的是拒绝和冷漠。

8. 抵消（undoing） 指个体以某种象征性的活动来抵消已经发生的不愉快的事情，以减轻内心的不安。例如，一个人被小偷偷走了钱物，非常愤怒，常用破财免灾或咒骂的方式安慰自己。过春节时，打碎了碗，则常常说"岁岁平安"。

9. 合理化（rationalization） 指个体遭受挫折或无法实现自己追求的目标时寻找各种理由为自己的行为进行辩解，以安慰自己，摆脱内心困扰。如伊索寓言里讲述的狐狸吃葡萄的故事中，狐狸没吃着葡萄就说葡萄是酸的，将自己得不到的东西合理化，以冲淡内心的欲望。

10. 退行（regression） 是指当人们遇到挫折时，放弃已经习惯的成人方式，而恢复使用较原始而幼稚的方法，来回避现实，摆脱痛苦或博得他人的同情和照顾。例如：一个成年人做错了一件事之后用吐舌头的方式，表现自己认识到了错误，并希望得到宽容，以摆脱痛苦。

11. 升华（sublimation） 指被压抑的不符合社会规范的原始冲动或欲望通过符合社会要求的方式间接地表达出来。如孔子厄而著《春秋》，屈原逐乃赋《离骚》，司马迁腐而出《史记》；有攻击性冲动的人，可以借助拳击、摔跤等形式，发泄冲动。

12. 幽默（humor） 指处于尴尬局面时，个体以风趣的语言或俏皮话等形式活跃氛围，既明确地表达了自己的观念、情感和意图，又不至于引起别人和自己尴尬和困窘。幽默能够缩短与周围人的距离，并有效地寻求社会支持。

心理防御机制是生活中相当普遍的一种现象，是个体对心理应激采取的一种适应方法。多数防御机制对人的影响是消极的，它们会阻挠人们对现实环境的准确评估，所以不宜长期使用。只有升华和幽默是成熟的防御机制。当我们的日常生活处在应激情景中时，我们要学会掌握一些更成熟的防御机制，能够有效地予以抵抗挫折和苦难，从而缓解焦虑心理，保护我们的心理健康。

五、心理应激对健康的影响

20世纪70年代就有人提出:"现代人类疾病一半以上与应激有关"。应激对健康的影响包括积极和消极两个方面。

(一) 心理应激对健康的积极影响

在日常生活中,一个人总会遇到各种应激原的刺激,适度的刺激能够激发机体发生适应性改变,促进人的健康和功能活动,主要表现在:

1. 心理应激是个体成长和发展的必要条件 个体的成长发育取决于先天遗传和后天环境两个主要因素。有研究显示,个体的早期特别是青少年时期的心理应激经历能够提高个体后来在生活中的应对与适应能力。心理治疗的临床经验也从反面证实了缺乏心理应激的青少年(如被父母过度保护,家庭条件优越,自理能力差等)适应环境的能力较差,在离开家庭走向社会的过程中容易发生环境适应障碍和人际关系问题。

2. 心理应激是维持正常功能活动的必要条件 人的生理、心理和社会功能都需要刺激的存在。心理学的许多实验研究表明,人在一定的时间范围内被剥夺感情或处于缺乏刺激的单调状态下,会出现幻觉、错觉和智力功能障碍等身心功能损害。流水线上的工人操作单一、缺少变化,时间久了,视觉疲劳,容易出现注意力不集中,情绪不稳定的现象,以致发生事故和心理障碍,如果增加工作和环境的刺激,适度紧张地学习、工作,不仅使人变得聪明、机敏、熟练,而且可以改善心身功能,提高工作效率。

(二) 心理应激对健康的消极影响

长期、过度的心理应激损害人的健康,主要表现在:

1. 造成身体不适和精神痛苦 急性应激状态下,人的身体出现虚弱、头晕、出汗、呼吸困难、窒息、心悸等症状,引起烦躁、过敏、震颤、厌食、腹部不适等急性焦虑反应。处于慢性应激状态下表现为"神经血管性虚弱",患者感到易疲劳、胸闷、心悸、血压升高的症状和体征,还可以出现神经症、情感性精神障碍和精神分裂样表现,并常常被误诊为躯体疾病而久治不愈。

2. 机体抗病能力下降,诱发或加重已有的精神和躯体疾病 大量研究表明,心理应激引起的心理与生理反应,各器官、系统的功能失调,机体内环境的平衡被打乱,机体内比较脆弱的器官和系统首先受累而发病。如一位冠心病患者会因生气导致情绪激动发生心肌梗死,高血压患者在争执或激烈辩论时突发脑出血等。

3. 同其他因素一起引起新的疾病 过度的心理应激引起机体内环境紊乱,使机体对其他致病因素处于易感状态,很可能发生新的疾病。至于患哪种疾病,主要取决于其他致病因素的性质和遗传素质。

心理应激对健康的影响受许多因素的影响。同一应激原对不同的人产生的应激强度不一样,对健康的影响程度也是不一样的,这与每人的个性特征、生活经历、教育、信仰、人生观等诸多因素有关。面对心理应激,首先,应采取科学的认识态度,进行正确的认知评价。培养乐观的心态,有意识地进行抗挫折训练,经过科学的教育和心理疏导,多可使心理应激发挥对健康的积极作用。其次,采取积极的应对,脱离应激原的环境,通过各种放松措施控制或转移负性情绪,寻求心理与社会支持,尽可能使心理应激对健康的消极作用降到最低程度。

第二节 心身疾病

一、心身疾病概述

(一) 心身疾病概念及分类

最早提出"心身"一词的是德国的精神科医生海因洛茨（Heinroch），自20世纪30年代弗洛伊德的精神分析学说开始被引入到心身疾病的研究之中。心身疾病（psychosomatic diseases）的定义，国内外学者有诸多论述，我国医学心理学家主张把心身疾病定义为由心理社会因素引起的、持久的生理功能紊乱及其所致的器质性疾病，又称心理生理疾病。根据应激原（心理社会因素）的强度和持续时间可分为：

（1）心身反应　即应激原作用躯体时所产生的心率加快、呼吸急促、血压上升等一系列生理反应，当应激原消除后，躯体生理功能随之恢复，症状消失。

（2）心身障碍　即由于应激原过强或作用时间较长，使躯体出现自主神经失调、内分泌功能紊乱等功能性变化。

（3）心身疾病　即应激原过强或作用较久，应激反应持续存在，使躯体功能发生器质性的病变，例如原发性高血压、消化性溃疡等。

心身疾病广泛分布于全身各个系统，其多见于自主神经支配的器官与系统。美国心身疾病专家亚历山大（Alexander F）最早提出七种经典的心身疾病是：原发性高血压、消化性溃疡病、溃疡性结肠炎、甲状腺功能亢进、局限性肠炎、类风湿性关节炎及支气管哮喘。近年，大量的流行病学调查表明，心身疾病在临床各科疾病中已达1/3左右，而且呈上升趋势。根据主要受自主神经支配的系统和器官，心身疾病分为：

1. 心血管系统　原发性高血压、冠心病、心律失常、心脏神经症等。
2. 呼吸系统　支气管哮喘、过度换气综合征、神经性咳嗽、功能性胸痛等。
3. 消化系统　胃、十二指肠溃疡、神经性呕吐、溃疡性结肠炎、过敏性结肠炎、肠道易激惹综合征、习惯性便秘等。
4. 内分泌系统　甲状腺功能亢进或减退、艾迪森病（Addison disease）、糖尿病、低血糖症、肥胖症、围绝经期综合征等。
5. 泌尿、生殖系统　月经失调、经前紧张综合征、功能性子宫出血、心因性闭经、性功能障碍、性冷淡、膀胱刺激征、遗尿症等。
6. 神经系统　紧张性头痛、偏头痛、书写痉挛、痉挛性斜颈、自主神经功能失调等。
7. 骨骼肌肉系统　类风湿性关节炎、颈臂综合征、腰背痛等。
8. 其他　癌症、青光眼、梅尼埃病（Meniere disease）、复发性口腔溃疡、颞下颌关节紊乱综合征、神经性皮炎、银屑病、白癜风等。

(二) 心身疾病的发病机制

心身疾病的发病机制是近代心身医学及医学心理学领域亟待研究的课题，多数学者的研究普遍认为，一切心理应激主要通过中枢神经系统再影响到自主神经系统、内分泌系统和免疫功能，作为中介机制影响内脏器官。

1. 神经生理的作用　心理社会因素的应激传入脑内，首先被大脑皮层觉察进行认知评价后产生一定的情绪反应，情绪反应受大脑皮层和皮层下中枢（边缘系统、下丘脑、脑干网状结构）调节，引起交感神经中枢兴奋，通过网状结构向下传递，导致血压上升、全身代谢增强、胃肠道抑制等。副交感神经功能活动起着相反作用。长期持续的心理反应就会使交感和副交感神经的对立统一出现失调，引起自主神经系统支配的器官相应的发生病理改变。

2. 神经内分泌的作用　研究发现，心理因素因能改变激素水平，而影响所有的代谢过程。如高度紧张或抑郁状态时，血液中儿茶酚胺含量增高，这种因素多次反复存在，就会引起肾上腺素和去甲肾上腺素分泌持续增高，经过反馈作用，增强大脑皮质的兴奋性，使内分泌系统的稳定性发生改变。

3. 免疫系统的作用　近代免疫学研究已证实，免疫功能受中枢神经系统特别是下丘脑的调节。紧张的情绪刺激可通过下丘脑及由它控制分泌的激素影响 T 细胞成熟，使细胞免疫功能降低；皮质醇增高，抑制巨噬细胞的吞噬功能，使病原迅速扩散；B 细胞产生抗体的能力下降，降低抵抗力而致病。

综上所述，心理社会因素作用于人的机体后，通过大脑中枢神经系统的认知与评价产生情绪，在内分泌系统和免疫系统的共同作用下，心理因素转变为生理因素、躯体因素，如果长期、持续、强烈的不良情绪刺激，就会使神经、内分泌、免疫系统的作用发生紊乱，失去平衡，而引起心身疾病（图 5-2）。

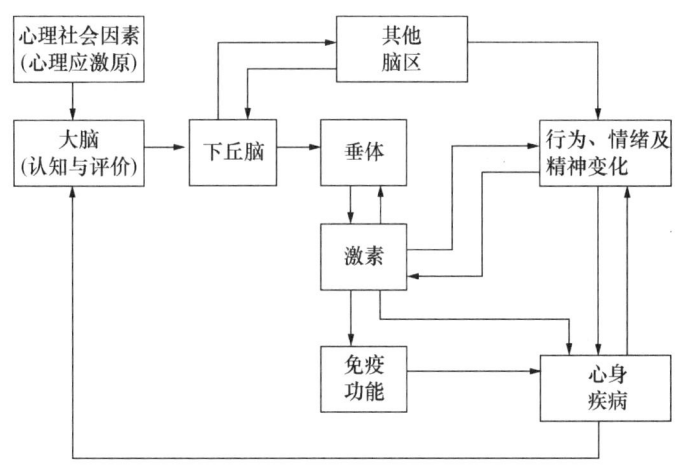

图 5-2　心身疾病的发病机制

（三）心身疾病的诊断、预防和治疗原则

1. 心身疾病的诊断要点
（1）有明确而具体的病变部位或有明确的躯体症状。
（2）发病前有明确的心理社会因素存在。
（3）病情进展与情绪因素密切相关。
（4）一定的个性特征是某些疾病的易感因素。
（5）排除躯体疾病和神经症的诊断。

2. 心身疾病的预防　应从个体的生物遗传特性、生存环境、生活习性、认知评价、对心理社会因素刺激的反应性和适应性等方面进行预防。心理卫生应成为心身疾病预防的重要内容和措施。

（1）个体预防　积极培养健全的个性、健康的心理和体魄；养成良好的个人生活习惯，注意心理保健和身体保健；学会应对心理应激的技巧，提高对社会的容忍力、适应能力和应对能力；树立终身学习的观念，增强信息的处理能力，对应激原进行客观的认知评价；积极建立良好的人际关系，储备社会支持力量，增强对挫折的抵抗力和承受力。

（2）社会预防　是从根本上降低心身疾病发生的重要措施。主要从改善人的生活环境和社会环境、提高全民文化素质和身体素质、增强个体不同年龄阶段和不同群体的心理保健意识入手。如对有易怒、孤僻、多疑等性格者以及存在明显应激原的人，应及时、及早进行心理指导；对于具有高血压家族史或已经有心身疾病的先兆征象等情况者，应进一步加强社区心理卫生监测工作，提高人群心身健康水平。

3. 心身疾病的治疗原则　心身疾病的治疗原则是心身同治。对心理和社会水平上的干预、治疗主要围绕三个目标：一是帮助患者消除或减少致病的心理社会因素；二是提高患者对应激的认知评价，增强应对能力；三是减轻症状，缓解病情。具体方法有：

（1）环境治疗　对环境作出适当调整或住院，使患者暂时摆脱引起或加重其疾病的生活和工作环境，减少或消除应激原。

（2）药物治疗　当患者负性情绪水平很高或已维持很长时间，认知能力很差时，使用药物治疗可降低负性情绪水平，生理反应随之改善，并有利于心理治疗。

（3）心理治疗　常用精神分析法、认知疗法、行为疗法等。行为治疗方法对原发性高血压，某些类型的心律失常，偏头痛和紧张性头痛效果较好；放松训练、生物反馈技术能帮助患者进行自我矫正，使异常的生理活动逐渐恢复正常。

知识链接——行为类型与心身疾病的关系

人的行为类型与心身疾病有着密切的关系。美国心血管疾病专家弗里德曼（M. Friedman）和罗森曼（Rosenman）于20世纪50年代首次提出A型行为特征的概念。A型行为有三个组成成分：易激起的敌意、时间紧迫感和竞争性。现代社会正在造就越来越多的A型行为者。在美国城市人口中，A型行为者可达到50%以上。世界心肺和血液研究会确认了A型行为与冠心病之间的关系，并认为A型行为对冠心病的致病作用要超过年龄、血压、血胆固醇、吸烟等其他致病因素。A型行为人的心理与行为特征是：①爱吃肥肉，吸烟，缺乏运动；②动作敏捷，爆发式地说话；③性格急躁，从来不愿排队，经常大步行走，心直口快，没有耐心；④追求成就，有较强的事业心，持续从事繁重的工作而不感到疲劳，凡事不甘居于人后，敢于承担责任；⑤时间观念特别强，常感到时间不够用而产生压力。总是设法把日程安排得特别满，把工作以外的事情视为"浪费时间"；⑥对人存有戒心，信不过别人，容易产生敌意，情绪易波动，经常处在愤怒与焦虑的情绪状态。

B型行为与A型行为的人恰恰相反，他们遇事从容不迫，工作条理性较强，生活态度轻松愉快，积极乐观。B型性格的人很少有心理疾患，他们能从容不迫地应对现实中的人和事，即使患病，也较容易痊愈。

C型行为，这里的"C"是cancer（癌）一词的第一个字母，指造成免疫力降低，容易发生癌变的行为。C型行为人的心理与行为特征是：①很难公开地表达自己的情绪，内心总是承受着难以解脱的压力，常常心情紧张焦虑；②怕面对人群，尤其怕自己被伤害，谨言慎行；③当做一件事没有成功时，常常自责；④对每一个有创新的计划都持悲观态度，极怕失败；⑤患病不肯求医，认为病是自生自灭；⑥当发觉自己有可能患病时，拒绝告诉医生；⑦当觉得自己不如别人时，极度不安，总怀疑别人捉弄自己；⑧不愉快的时候常强颜欢笑；⑨没有很亲密的人际关系；⑩认命，认为无力改善现状；⑪认为生活无意义，无价值，无乐趣；⑫害怕失败，不肯做尝试；⑬从小就认为和家人有很深的隔膜；⑭失意时靠镇静药来麻醉自己；⑮认为不把心事向人倾诉是强者的表现；⑯情绪不安时，没有人值得倾诉。

心理学家认为，如果上述所描述的16种性格特征中有14项符合的话，属于C型行为；如果有7~14项，转向C型性格的可能性较大。

二、常见的心身疾病

（一）原发性高血压

原发性高血压（primary hypertension）是最早被确认的心身疾病之一。近年的研究表明原发性高血压的原因与遗传密切相关，心理社会因素也是重要病因。

1. 心理社会因素

（1）人格特征　原发性高血压患者不局限某种特定的人格类型，一般认为性格特征倾向于求全责备、刻板、不善表达情绪，易冲动而又难以控制情绪的人易患原发性高血压。

（2）心理因素　长期的慢性应激事件如失业、离婚、生活不稳定、环境噪声高等，造成机体出现愤怒、焦虑、恐惧等情绪，引起神经-内分泌-心血管反应，血管收缩，血压持续性升高，最终导致原发性高血压。

（3）社会文化因素　多见于应激与冲突明显的社会环境。在我国大多数北方地区较南方地区高，东部比西部高，城市比农村高。高盐、肥胖、大量吸烟和饮酒等不良的生活方式，也是导致血压升高的因素之一。职业性质也影响血压水平。注意力高度集中、精神紧张而体力活动较少的职业以及对视觉、听觉形成慢性刺激的环境，易导致血压升高。如空中交通管理员，其原发性高血压发病率较条件相仿的领航员高5.6倍。

2. 心理治疗　近些年来，在采用药物治疗原发性高血压的基础上，同时，积极配合认知疗法、生物反馈疗法、音乐放松治疗、宣泄等方法，有效降低血压。

（二）冠状动脉粥样硬化性心脏病

冠状动脉粥样硬化性心脏病简称冠心病（coronary heart disease, CHD），是现代社会中危害人类健康最常见的疾病之一。经国内外近一个世纪的大量研究，认为冠心病除与高血压、高血脂、重度吸烟、遗传因素有关以外，心理社会因素也是重要的病因之一。

1. 心理社会因素

（1）人格特征　我国的研究资料表明，在冠心病的患者中，A型行为者占75.73%。A型行为的人遇到应激事件时容易紧张、激动、愤怒、攻击和对人敌意，使体内儿茶酚胺和促肾上腺素过量分泌，引发反馈机制，增加耗氧量，增强血小板的黏附和聚集，释放血栓素A_2和前列腺素，促使冠状动脉痉挛、缺血、缺氧，引发冠心病。

（2）生活事件与心理应激　剧烈的情绪波动、精神创伤、心理紧张冲突强烈或持续的存在引起机体血管收缩，血压升高，心肌供血不足，发生冠心病。

（3）社会环境与生活方式　经济条件、社会分工、社会稳定程度等因素也是造成冠心病的相关因素。社会发达程度高、脑力劳动强度大、社会稳定性差的人易发冠心病。一些不良的生活习惯和行为如吸烟、饮酒过量、高脂、高胆固醇饮食、肥胖、缺乏运动等，均可促使冠心病的发生。

2. 心理治疗

（1）心理咨询　寻求专业人士的帮助，可以使患者减轻心理压力，逐渐改变不良的生活、行为习惯，学会进行情绪调控。

（2）生物反馈治疗　通过生物反馈训练仪等设备，使全身骨骼、肌肉放松，降低神经、血管的紧张度，扩张血管，改善心肌缺血，缓解症状。

（3）运动及其他治疗　进行适度的身体锻炼，如参加气功、瑜伽、太极等运动，可降低血液黏稠度，促进血液循环，改善心境。也可以通过练习书法、绘画、弹奏乐器、听音乐等方式缓解紧张情绪，陶冶情操，减少 A 型行为。

（三）消化性溃疡

消化性溃疡（peptic ulcer）包括胃、十二指肠溃疡，是一种病因多样的消化道黏膜的慢性溃疡性疾病。大量的临床观察与动物实验证实，胃肠功能和结构形态的完整与情绪密切相关。

1. 心理社会因素

（1）生活事件刺激　严重的生活事件和社会变革如失业、丧偶、离异、自然灾害、长期的家庭矛盾、人际关系紧张以及工作不顺、缺乏休息等，可促进消化性溃疡的发生。

（2）人格特征　国内外学者用艾森克人格问卷测试进行研究表明：消化性溃疡的患者更多具有内向（E 分低）及神经质（N 分高）的特点。表现为孤僻、好静、遇事过分思虑、刻板、情绪易波动、愤怒并常受压抑。

（3）不良情绪反应　有人用实验方法发现，气愤、激动、焦虑使胃分泌量和酸度增高；而抑郁、悲伤、失望则使胃分泌量和酸度下降，胃的运动减慢。

2. 心理治疗　包括行为方式的调整和消除不良情绪。积极改变不良的生活方式，坚持劳逸结合，养成良好的有规律的饮食习惯。

（四）支气管哮喘

支气管哮喘（bronchial asthma）由过敏原或其他非过敏因素引起的呼吸道普遍性阻塞性肺部疾病。在儿童患者中，心理社会因素显得更为重要。

1. 心理社会因素

（1）人格特点　对以下三种人的影响比较明显：一是家庭关系特别是母子关系失常的人，如过度依赖父母、父母管束过严、家庭矛盾冲突频繁者；二是心理敏感惯于压抑克制自己情绪的人。如观看人或动物打斗的场面，或初次进入社交场所的紧张均可使这些人发生哮喘；三是容易接受暗示的某些人。如有的人因吸入花粉而患哮喘，当他看到人造的玫瑰花后，也出现喘息症状。

（2）生活事件和心理应激　一般认为母子关系冲突、亲人死亡、弟妹出生、心爱玩具被毁、环境突然改变等因素可引起支气管平滑肌收缩和气喘症状，诱发或加重支气管哮喘。

2. 心理治疗　一是心理支持疗法。采用支持性语言，对患者的病理心理状态进行客观的解释、鼓励，减少患者的消极情绪；二是行为治疗。采用放松训练、生物反馈、系统脱敏等方法，改善哮喘状态，指导患者及家庭改变不良的行为方式和家庭教育模式，树立战胜疾病的信心。

（五）恶性肿瘤

恶性肿瘤长期位于我国死亡疾病谱首位，是一种严重危害人类健康及生命的常见病、多发病。WHO已将恶性肿瘤明确划分为是一种生活方式疾病。

1. 心理社会因素

（1）心理应激　生活事件是引起慢性心理压力和高度情绪应激，导致恶性肿瘤发生的主要因素。如家庭不幸事件、工作和学习紧张过度、人际关系不协调等生活事件，在胃癌和乳腺癌的发生中起重要作用。

（2）人格特点　流行病学调查发现有40%~80%的常见癌症患者（如胃癌、宫颈癌、肝癌等）具有经常压抑不良情绪、谨慎小心、忍让迁就、悲观失望、追求完美、情绪不稳等C型行为。

（3）消极情绪　抑郁等消极情绪可使人易患恶性肿瘤或加速其发展。1971年开始，美、英等国专家就用老鼠、兔子等作为实验动物，人为地采用一些方法使实验动物的情绪受到抑制，结果证明动物长期受到心理压抑后很容易患白血病等癌症。大量临床实践证明：那些已经患上癌症的患者，其心理状态明显地影响着癌症的发展与预后。

2. 心理治疗与预防　心理治疗可以有效阻止肿瘤细胞的生长和促进机体免疫功能的恢复。

（1）心理支持　强化患者的生存意识，积极、真诚、平等地与患者交流，了解患者对生与死的看法、世界观、生活信念等，因势利导，帮助患者树立战胜疾病的信心，保持乐观的生活态度。

（2）自我放松训练　采用瞑想法、气功、催眠法、生物反馈治疗等自我放松训练方法，减轻心理紧张压力；积极的应对，消除负性情绪影响，增强免疫力，促进肿瘤的逆转和康复。

（3）心理预防　普及心理健康常识，引导人们正确评价、处理生活应激事件，避免过强的心理刺激造成超负荷的心理压力；积极建立和谐的人际关系和社会支持系统，消除不良情绪；积极参加社会、文娱活动，消除心理疲劳，增强抗病能力。

本章小结

1. 心理应激是指个体"察觉"环境刺激对生理、心理及社会系统过重负担时的整体现象，所引起的反应可以是适应的或适应不良的。

2. 应激原是指可以引起心理和（或）生理反应的紧张刺激物。应激原可分为躯体性应激原、心理性应激原、社会性应激原、文化性应激原四类。

3. 应激反应是指机体经认知评价而察觉到环境中应激原的威胁后，出现各种生理、心理及社会行为的变化。应激反应包括生理、心理应激反应。生理应激反应通过神经系统、内分泌、免疫系统进行调节，心理应激反应包括认知、情绪和行为的变化。

4. 心理防御机制是个体在遇到困难、挫折或处于应激状态时采用自己能够接受的方式来解释和处理由主、客观因素引起的内心矛盾冲突，以减轻心理压力和烦恼，保持情绪活动的稳定和正常行为状态的心理功能。常见的心理防御机制包括潜抑、否定、补偿、幻想、投射、合理化等，其中升华、幽默是成熟的防御机制，对心理健康有积极影响。

5. 心理应激对健康的影响有积极的一面，也有消极的一面。积极的方面表现为适度的应激能够促进人的健康和功能活动，是个体成长和发展、维持正常功能活动的必要条件，如缺乏应激刺激或刺激单一，会产生环境适应不良、思维灵敏度下降等现象，产生心理障碍。消极的方面是指长期、过度的心理应激直接引起急性或慢性的生理和心理反应，使人出现身体不适与精神痛苦，机体抗病能力下降，诱发或加重已有的精神和躯体疾病，损害人的健康。

如果心理社会因素的应激原过强或作用较久，应激反应持续存在，使躯体机能发生器质性的病变，形成心身疾病。如原发性高血压、冠心病、消化性溃疡、支气管哮喘等。

6. 心身疾病诊断要点　①有明确而具体的病变部位或有明确的躯体症状。②发病前有明确的心理社会因素存在。③病情进展与情绪因素密切相关。④一定的个性特征是某些疾病的易感因素。⑤排除躯体疾病和神经症的诊断。

7. 心身疾病的预防主要采取个体预防和社会预防，治疗多采用环境治疗、药物治疗和心理治疗等，应因人而异，因病施治，维护人们的心身健康。

自测题

一、单项选择题

1. 关于心理应激的描述，下列哪项是错误的
   A. 心理应激会加重已患有的心身疾病
   B. 所有应激原都可引起心身紧张状态
   C. 生活事件是导致心理应激的主要因素
   D. 应激状态下体内释放肾上腺素增多

2. 下列哪项属于社会性应激原
   A. 车祸外伤　　B. 病毒感染　　C. 工作负荷　　D. 客居异国

3. 文化性应激原不包括
   A. 环境污染　　B. 语言　　C. 宗教　　D. 风俗

4. 应激状态下最常见的情绪反应是
   A. 焦虑　　B. 抑郁　　C. 恐惧　　D. 愤怒

5. 不同个体对同一应激原可有不同反应，其主要原因不包括
   A. 认知评价不同　　　　B. 生活经历不同
   C. 个性特征不同　　　　D. 体质不同

6. 对于"心理防御机制"的认识，错误的观点是
   A. 个体多是在不知不觉中运用心理防御机制
   B. 运用心理防御机制可缓解心理紧张
   C. 心理不正常的人才运用心理防御机制
   D. 多数心理防御机制对现实是歪曲的

7. 过春节时，打碎了碗，常常说"岁岁平安"，这是哪一种心理防御机制

A. 否认　　　B. 抵消　　　C. 合理化　　　D. 转移
8. 原发性高血压和冠心病患者的人格特征主要表现为
A. 外向性格　　B. 内向性格　　C. C型行为模式　　D. A型行为模式

二、填空题

1. 应激原分为_____、_____、_____、_____四类。
2. 心理应激反应按照反应的形式分为_____、_____、_____。
3. 常见的心身疾病有_____、_____、_____、_____、_____。（列出五项）
4. 原发性高血压的心理社会因素包括_____、_____、_____。

三、名词解释

1. 心理应激　2. 心理防御机制　3. 心身疾病

四、简述题

1. 心理应激对健康有哪些影响？
2. 心身疾病的诊断要点及治疗原则是什么？

（大庆医学高等专科学校　牛玉杰）

第六章 异常心理

> **学习目标**
> 1. 掌握异常心理的概念；判定心理正常与异常的标准及原则。
> 2. 熟悉导致心理异常的原因。
> 3. 了解各种异常心理（包括人格障碍、神经症、性心理障碍及成瘾行为）。

现代社会的生活节奏加快、竞争激烈、工作变动、交通拥挤、住房困难、下岗失业、家庭异化等一系列问题使人们承受着诸多的心理压力。当压力来临时，大多数人通过自身的调节和适应能承受这些压力，保持心理健康，但也有不少人难以承受这些心理压力而产生异常心理。

第一节 概　述

一、异常心理的概念

异常心理（abnormal psychology），又称为变态心理、病理心理，是指人的心理（包括认知、情绪情感、行为、人格特征等）偏离了常态，出现了异常。

长期以来，人们习惯性地认为心理的正常与异常是截然分开的，要么正常，要么就是精神病患者。对此，岳晓东博士提出"灰色区"理论，他认为：正常心理与异常心理的转换是连续变化的过程，两者间并没有明显的界限。若心理正常为白色，精神病为黑色，那么，非器质性精神痛苦的总和即为白色与黑色间的巨大"灰色区"。灰色区又可划分为浅灰色区和深灰色区：浅灰色区是心理咨询的对象，如失恋、人际关系失调、学习不顺心等；深灰色区是心理治疗的对象，如强迫症、恐惧症、各种人格障碍等（图6-1）。

图 6-1　岳晓东博士"灰色区"理论示意图

另外，正常心理是一个范围，在这个范围内允许有不同程度的差异存在，不能因为某个人不能很好地适应社会或产生了焦虑抑郁情绪就判定其心理为异常心理。

二、正常心理与异常心理的区分和判断

（一）正常心理与异常心理的判断标准

正常与异常心理之间的差别是相对的，不同时代、不同地区、不同社会文化条件下，人们对心理正常与否有着不同的区分和判断标准。临床实践中通常以如下几条标准进行判断：

1. 经验标准　　主要依据个人的认识和经验去评价他人心理活动的正常与否，该标准在使用时主要依据两方面的经验进行：

（1）患者的主观体验　　如患者感到不愉快、压抑、焦虑、抑郁，或无明显原因的不舒服感，或不能控制自己的情绪、行为等，而去寻求他人的帮助，即可考虑为心理异常。另外，某些患者虽有这些表现但坚决否认，或本该出现一些特殊的心理反应却没有出现时也考虑为心理异常。如精神分裂症的患者往往不承认自己有病，再如亲人丧亡却没有一丝悲伤或忧郁的情绪反应，均可认定其为异常心理。

（2）医生的主观体验　　即医生根据自己的经验和自身心理活动的体验来判断患者心理正常与否，凡是与自己经验不同者都可能被视为异常。不同的医生有不同的经验，因而该标准可能因人而异，主观性强。不过医生们多接受过相同的专业训练，有丰富的临床经验积累，因而对于大多数患者不同的医生仍能取得较为一致的看法。

2. 社会适应性标准　　该标准通过考察一个人对社会规范和道德准则的遵守程度、在社会中取得的成就水平等方面的情况对是否心理异常作出评价。如一个人成年人在众人面前赤身裸体、欣喜若狂，其行为不能被社会所理解，本人却不以为然、毫无羞耻感，便可考虑为心理异常。

用社会适应性标准判断一个人的心理正常与否时采用比较的方法：一是与社会认可的行为常模比较，看其行为是否偏离常模；二是与其以往一贯的行为模式比较，看其心理是否发生了显著的改变。在具体运用的过程中，要注意不同时代、不同地区、不同民族、不同社会文化和风俗习惯下，行为常模的差异性及其影响。进行判定时，最好将该心理状态放在当时的客观环境、社会文化背景中加以考察，与其当时、当地的社会常模进行比较。

3. 医学标准　　该标准是将心理异常与躯体疾病同等看待，以是否存在生理病理性变化为依据判断心理正常与否，即存在变态的心理症状后，通过客观检查又能找到相应的生理病理性变化，即可考虑为异常心理。

该标准十分重视物理的、化学的和生物的技术检查及心理的测定，因而较为客观，对于脑器质性精神障碍、躯体疾病伴发的精神障碍、感染中毒所致的精神障碍等的诊查十分有效，而对于由于心理社会因素起主导作用的异常心理，如神经症、人格障碍等却无能为力，故此标准适用范围较窄。

4. 统计学标准　　该标准来源于心理测量的统计结果，把心理特征偏离统计常模（即平均值）的程度作为判定心理正常与否的标准。对于普通人群心理特征的测量，其结果往往呈正态分布，即居于中间状态者的大多数人属于心理正常者，而偏离中间状态的两端极少数人视为心理异常者，并且偏离程度越大越不正常。

统计学标准提供了心理特征的量化资料，较为客观，操作简便易行，统计结果一目了然，便于分析比较，因而受到人们的欢迎。但是该标准也有局限性，如有些心理特征在人群中不一定呈正态分布，据此判断可能得出荒谬的结论。再者，正常与异常的界限是人为划定的，不可避免地存在着某些局限性。

上述四条标准都有一定的使用价值，也有一定的局限性，不能单独用某一条标准来判定一个人的心理正常与否，应综合使用，互相补充，具体情况具体分析，科学做出判断。

（二）正常心理与异常心理的判断原则

1. 主观世界与客观世界的统一性原则　　心理是人脑对客观现实的主观反映，人所有心理活动的内容与形式均应与客观环境保持一致。当一个人的心理活动与外界环境失去了统一性时，则不能被人所理解，即为异常心理。如一个人毫无其他原因地经常看到客观现实中并不存在的人或物，即为产生了幻觉，是严重心理疾病的征兆。

2. 心理活动的内在协调性原则　人的认知过程、情绪情感过程、意志过程等心理活动是相互联系、协调统一的，共同组成了一个完整的统一体。若各心理过程之间失去了这种协调一致性，也不能为人理解，这通常是心理异常的表现。如遇到一件令人愉快的事情时悲伤无比，用低沉的语调向别人诉说内心的欣喜，如此便可说其心理过程失去了协调一致性，为异常心理。

3. 人格的相对稳定性原则　每个人在长期的生活过程中都会形成自己独特、统一的人格，而人格一旦形成便具有相对稳定性，在没有重大生活事件刺激的情况下一般不会发生剧烈改变。如若在没有明显外因的情况下，一个人的人格失去了相对稳定性，也要怀疑其心理活动是否已偏离正常轨道。如一个活泼、开朗、待人热情的人，突然变得郁郁寡欢、沉默寡言、待人冷淡，而现实中找不到匹配的客观原因，如此便可判定其为异常心理。

上述三项原则，只要违背其中的一条，即可判定为异常心理，甚至是严重心理障碍，因而该"三原则"也被称为判定心理正常与否的最严格的标准。

三、异常心理产生的原因

（一）生物因素

个体的遗传素质、体内生化物质的改变、躯体疾病及药物等对于异常心理的产生有着重要的影响。遗传学研究发现，精神分裂症、躁狂抑郁症、人格障碍等常具有明显的遗传倾向。

（二）心理因素

1. 潜意识的冲突　心理动力学派认为异常心理或精神疾病是压抑在潜意识中的心理冲突的表征，是本我、自我和超我矛盾不可调和的结果。如某些神经症、癔症及心身疾病等。

2. 习得的不良行为　行为学派认为一切行为都是后天学习得来的，异常心理也不例外，是错误学习和不适当联结的结果。如考试焦虑、性别认同障碍等。

3. "自我实现"受阻　人本主义心理学认为，人有一种天生的"自我实现倾向"，只要环境许可每个人都能实现自我价值，若"自我实现"受阻则导致心理和行为的错乱。

4. 不合理认知　认知心理学认为情绪障碍和行为问题源于人们的认知，不合理的认知是异常心理的核心。

5. 人性的缺失或失调　人性心理学认为，各种心理问题是人性的某种属性出了问题或各种属性间关系失去了平衡，导致了不同性质的人性偏离、扭曲或异化。

（三）社会文化因素

每个人都是社会文化的产物，心理的异常也往往是其所处的社会文化环境的畸形所致。另外，个体社会生活中的重大变动也会导致个体异常心理的发生。

四、异常心理分类

关于异常心理的分类方法很多，目前就存在着 ICD、DSM、CCMD、现象学的分类和医学心理学（或健康心理学）的分类 5 大体系，此处仅介绍医学心理学的分类方法。

1. 轻度心理异常　一类程度较轻的心理异常，主要包括各种神经症、适应障碍等。此类心理异常为部分心理活动出现障碍，心理活动的完整性和统一性基本保存，社会适应能力大部分存在,自知力基本完整,能知晓异常心理的存在,主动要求医疗帮助,也能主动配合。

2. 严重心理异常　此类心理活动遭受严重破坏,自知力缺损,造成严重社会适应不良。包括精神分裂症、情感性精神障碍、反应性精神病等。

3. 心理生理障碍　以心理社会因素为主要原因,以生理障碍为主要表现形式的一类疾病,主要包括进食障碍、睡眠障碍、性功能障碍及各种心身疾病等。

4. 脑及躯体疾患时的心理异常　此类为由大脑损害或一些躯体疾病伴有的精神障碍,包括脑器质性精神病、躯体严重感染和内脏疾病代谢产物引起的急性脑功能障碍、有害物质所致的精神障碍、精神发育迟滞等。

5. 人格障碍及行为问题　包括各种人格障碍、性心理障碍及行为问题如药物依赖、烟瘾、酒瘾等。

6. 特殊条件下产生的心理障碍　包括在催眠、暗示、宗教、与世隔绝、精神活性物质作用等特殊情景下引起的心理障碍。

第二节　人格障碍

一、人格障碍概述

人格障碍(personality disorder),又称为病态人格、变态人格或人格异常,是指人格发展的畸形和偏离状态,表现为持久固定的适应不良行为模式,明显地影响职业和社交能力。

人格障碍表现十分复杂,一般有以下特征:

1. 人格严重偏离正常　人格特征显著偏离特定的文化背景和一般的认知方式(尤其在待人接物方面),使患者形成了一贯的反映个人生活风格和人际关系的异常行为模式,或行为怪癖、紧张退缩,或情感反应强烈而不稳定,常常危害社会、殃及他人。

2. 对自身人格障碍缺乏自知力　他们常与外界发生冲突,处处碰壁,深受其害,却很难从错误中吸取经验教训,因而很难适应周围环境。

3. 智力正常,认识能力完整　他们并无智能障碍,也无意识障碍,一般能正确处理自己的日常生活和工作,也能理解自己的行为后果及社会对这些行为的评价标准,因而具有责任能力,人格障碍引起的违法行为应负法律责任。

4. 常在早年形成,一旦形成便比较恒定,不易改变　人格障碍一般从童年早期开始便持续存在,青春期表现明显,进入中老年后一部分人因为年老体弱等原因明显程度有所减弱乃至消除,但大部分人的人格障碍会持续终生直至死亡。

5. 逐渐形成,没有明显的发病日期和引发事件　如某个体其行为现在和以往一样反常,即可能是人格障碍;若以前行为正常,从某天或某事件后行为异常,则可能为患病,而不是人格障碍。

二、常见人格障碍类型

人格障碍的分类迄今为止尚无统一的见解。《国际疾病分类标准》(ICD-10)中曾提出10类人格障碍,《中国精神障碍分类与诊断标准》第3版(CCMD-3)中列出了如下九类人格障碍:

(一) 偏执性人格障碍

男性多于女性。以猜疑和偏执为特点,并至少有下列 3 项:

(1) 对挫折和遭遇过度敏感。

(2) 对侮辱和伤害不能宽容,长期耿耿于怀。

(3) 多疑,容易将别人的中性或友好行为误解为敌意或轻视。

(4) 明显超过实际情况所需的好斗,对个人权利执意追求。

(5) 易有病理性嫉妒,过分怀疑恋人有新欢或伴侣不忠,但不是妄想。

(6) 过分自负和自我中心的倾向,总感觉受压制、被迫害,甚至上告、上访,不达目的不肯罢休。

(7) 具有将其周围或外界事件解释为"阴谋"等的非现实性优势观念,因此过分警惕和抱有敌意。

(二) 分裂样人格障碍

男性略多于女性。以观念、行为和外貌装饰的奇特、情感冷淡及人际关系缺陷为特点,并至少有下列 3 项:

(1) 性格明显内向(孤独、被动、退缩),与家庭和社会疏远,除生活或工作中必须接触的人外,基本不与他人主动交往,缺少知心朋友,过分沉湎于幻想和内省。

(2) 表情呆板,情感冷淡,甚至不通人情,不能表达对他人的关心、体贴及愤怒等。

(3) 对赞扬和批评反应差或无动于衷。

(4) 缺乏愉快感。

(5) 缺乏亲密、信任的人际关系。

(6) 在遵循社会规范方面存在困难,导致行为怪异。

(7) 对与他人之间的性活动不感兴趣(考虑年龄)。

(三) 反社会性人格障碍

男性多于女性。本类患者往往在童年或少年期(18 岁前)就出现品行问题。成年后(18 岁后)习性不改。本类人格障碍以行为不符合社会规范,经常违法乱纪,对人冷酷无情为特点,并至少有以下 3 项:

(1) 严重和长期不负责任,无视社会常规、准则、义务等,如不能维持长久的工作(或学习),经常旷工(或旷课)、多次无计划地变换工作;有违反社会规范的行为,且这些行为已构成拘捕的理由(不管拘捕与否)。

(2) 行动无计划性或有冲动性,如进行事先未计划的旅行。

(3) 不尊重事实,如经常撒谎、欺骗他人,以获得个人利益。

(4) 对他人漠不关心,如经常不承担经济义务、拖欠债务、不赡养子女或父母。

(5) 不能维持与他人的长久关系,如不能维持长久的(1 年以上)夫妻关系。

(6) 很容易责怪他人,或对其与社会相冲突的行为进行无理辩解。

(7) 对挫折的耐受性低,微小刺激便可引起冲动,甚至暴力行为。

(8) 易激惹,并有暴力行为,如反复斗殴或攻击别人,包括无故殴打配偶或子女。

(9) 危害别人时缺少内疚感,不能从经验,特别是在受惩罚的经验中获益。

另外,18 岁前有品行障碍的证据,至少有下列 3 项:

(1) 反复违反家规或校规。

(2) 反复说谎(不是为了躲避体罚)。

(3) 习惯性吸烟、喝酒。
(4) 虐待动物或弱小同伴。
(5) 反复偷窃。
(6) 经常逃学。
(7) 至少有 2 次未向家人说明外出过夜。
(8) 过早发生性行为。
(9) 多次参与破坏公共财物活动。
(10) 反复挑起或参与斗殴。
(11) 被拘留或被公安机关管教过。

(四) 冲动性人格障碍（攻击性人格障碍）

男性明显多于女性。以情感爆发和明显的冲动行为为主要表现，并至少有下列 3 项：
(1) 易与他人发生争吵和冲突，特别在冲动行为受阻或受到批评时。
(2) 有突发的愤怒和暴力倾向，对导致的冲动行为不能自控。
(3) 对事物的计划和预见能力明显受损。
(4) 不能坚持任何没有即刻奖励的行为。
(5) 不稳定的和反复无常的心境。
(6) 自我形象、目的及内在偏好（包括性欲望）的紊乱和不确定。
(7) 容易产生人际关系的紧张或不稳定，时常导致情感危机。
(8) 经常出现自杀、自伤行为。

(五) 表演性（癔症性）人格障碍

多见于女性，各种年龄层次都有，尤以中青年女性多见。以过分的感情用事或夸张言行吸引他人的注意为特点，并至少有下列 3 项：
(1) 富于自我表演性、戏剧性、夸张性地表达情感。
(2) 肤浅和易变的情感。
(3) 自我中心、自我放纵和不为他人着想。
(4) 追求刺激和以自己为注意中心的活动。
(5) 不断渴望受到赞赏，情感易受伤害。
(6) 过分关心躯体的性感，以满足自己的需要。
(7) 暗示性高，易受他人影响。

(六) 强迫性人格障碍

男性多于女性 2 倍。以过分的谨小慎微、严格要求、完美主义及内心的不安全感为特征，并至少有下列 3 项：
(1) 因个人内心深处的不安全感导致优柔寡断、怀疑及过分谨慎。
(2) 需在很早以前就对所有的活动作出计划并不厌其烦。
(3) 凡事需反复核对，因对细节的过分注意，以致忽视全局。
(4) 经常被讨厌的思想或冲动所困扰，但尚未达到强迫症的程度。
(5) 过分谨慎多虑、过分专注于工作成效而不顾个人消遣及人际关系。
(6) 刻板和固执，要求别人按其规矩办事。
(7) 因循守旧、缺乏表达温情的能力。

(七) 焦虑性人格障碍

一贯感到紧张、提心吊胆、不安全及自卑，总是需要被人喜欢和接纳，对拒绝和批评过分敏感，因习惯性地夸大日常处境中的潜在危险而有回避某些活动的倾向。以持久和广泛的内心紧张及忧虑体验为特征，并至少有下列 3 项：

(1) 一贯的自我敏感、不安全感及自卑感。
(2) 对遭排斥和批评过分敏感。
(3) 不断追求被人接受和受到欢迎。
(4) 除非得到保证被他人所接受和不会受到批评，否则拒绝与他人建立人际关系。
(5) 惯于夸大生活中潜在的危险因素，达到回避某种活动的程度，但无恐惧性回避。
(6) 因"稳定"和"安全"的需要，生活方式受到限制。

(八) 依赖性人格障碍

以过分依赖为特征，并至少有下列 3 项：

(1) 要求或让他人为自己生活的重要方面承担责任。
(2) 将自己的需要附属于所依赖的人，过分地服从他人的意志。
(3) 不愿意对所依赖的人提出即使是合理的要求。
(4) 感到自己无助、无能，或缺乏精力。
(5) 沉湎于被遗忘的恐惧之中，不断要求别人对此提出保证，独处时感到很难受。
(6) 当与他人的亲密关系结束时，有被毁灭和无助的体验。
(7) 经常把责任推给别人，以应对逆境。

(九) 其他或待分类的人格障碍

如自恋性人格障碍、循环性人格障碍、抑郁性人格障碍等。

第三节 神 经 症

一、神经症概述

神经症（neurosis）是一组精神障碍的总称，是指患者觉察或体验到持久的心理冲突，为此深感痛苦但无能为力，妨碍了心理和社会功能，且无器质性的病变作基础。神经症主要表现为焦虑、抑郁、恐惧、强迫、疑病症状，或神经衰弱症状。起病多与素质、人格特征或心理应激有关，病程多迁延。

神经症具有以下五个特征：

1. **意识的心理冲突** 患者存在自知的、不可协调的心理冲突。典型体验是患者感到不能控制自认为应该加以控制的心理活动，自知这种心理是不正常的或病态的，即对症状的事实方面有自知力。

2. **精神痛苦** 神经症是一种痛苦的精神障碍，因此，患者往往主动就医或求助于心理治疗者，喜欢诉苦是他们普遍而突出的表现之一，因此有人称之为诉苦病。

3. **持久性** 神经症是一种持久的精神障碍，不同于各种短暂的精神障碍。

4. **妨碍患者的心理或社会功能** 神经症的心理冲突是破坏性的。这种破坏性的心理冲突形成恶性循环，会日益严重地妨碍患者的心理或社会功能。

5. **无任何器质性病变作基础** 患者虽有多种躯体的自觉不适感，但临床检查未能发现器质性病变作基础。

二、常见神经症类型

（一）恐惧症（恐怖症）

恐惧症（phobia）是指患者过分或不合理地惧怕外界客体或处境，极力回避所害怕的客体或处境，明知没有必要，但仍不能防止恐惧发作，恐惧发作时往往伴有显著的焦虑和自主神经症状。

1. 场所恐惧症　害怕对象主要为某些特定环境，如广场、闭室、黑暗场所、拥挤的场所、交通工具（如拥挤的船舱、火车车厢）等，其关键临床特征之一是过分担心处于上述情境时没有即刻能用的出口。

2. 社交恐惧症　害怕对象主要为社交场合（如在公共场合进食或说话、聚会、开会，或怕自己作出一些难堪的行为等）和人际接触（如在公共场合与人接触、怕与他人目光对视，或怕在与人群相对时被人审视等），常伴有自我评价低和害怕批评的心理。

3. 特定的恐惧症　害怕对象是特定物体或情境，如动物（如昆虫、鼠、蛇等）、高处、黑暗、雷电、鲜血、外伤、打针、手术，或尖锐、锋利物品等。

（二）焦虑症

以焦虑情绪为主的一种神经症。我国学者许又新将焦虑症状概括为三方面：①与处境不相称的痛苦情绪体验；②精神运动性不安；③伴有身体不适感的自主神经功能障碍。焦虑症主要分为惊恐障碍和广泛性焦虑两种类型。

1. 惊恐障碍　又称急性焦虑发作，以反复的惊恐发作为主要原发症状，发作时不局限于任何特定的情境，具有不可预测性，患者有濒死感或精神将要失常的感觉，并伴有明显的自主神经症状。

2. 广泛性焦虑　以缺乏明确对象和具体内容的提心吊胆及紧张不安为主，即所谓的"漂浮焦虑"或"无名焦虑"，伴有显著的自主神经症状及运动性不安。患者因难以忍受又无法解脱而感到痛苦。

（三）强迫症

一种以强迫症状为主的神经症。所谓强迫症状，是指患者感到有某种不可抗拒的和被迫无奈的观念、情绪、意向或行为的存在。其特点是有意识的自我强迫和反强迫并存，患者极力抵抗，但无法控制；患者也意识到强迫症状的异常性，但仍然无法摆脱。病程迁延者以仪式动作为主而精神痛苦减轻，但社会功能严重受损。强迫症的异常表现有：

1. 强迫观念　指一种抽象的思想，表现为不由自主地呈现某种想法、事情、某句话或某段歌词等。患者竭力摆脱它们，但始终不能，为此十分苦闷。强迫观念又包括强迫怀疑、强迫回忆、强迫联想、强迫性穷思竭虑、对立观念等，是最常见的一种。

2. 强迫意向　患者感到一种强有力的内在驱使，马上就要行动起来的冲动感，患者强烈地感到意志失控而强烈不安。如患者走在高处就有跳下去的冲动，看见刀就有拿起来杀人的欲望等。强迫意向实际上并不直接转变为行动，只是个体不能控制这些意向的出现。

3. 强迫行为　是指患者为了驱赶由强迫观念所带来的恐惧和焦虑而实施的徒劳的举动。强迫行为又分为两种，即屈从性强迫行为和对抗性强迫行为。前者的行为和观念在内容上是一致的，如强迫怀疑导致反复检查、核对等。后者的行为和观念是对立的，如为了对抗淫秽内容的强迫观念，患者反复背诵道德箴言、政治口号或无关词句。常见的强迫行为有强迫记数、强迫检查、强迫性仪式动作、强迫洗手等。

(四) 躯体形式障碍

一种以持久地担心或相信各种躯体症状的优势观念为特征的神经症，病程多为慢性波动性。患者反复就医，各种医学检查阴性和医生的解释均不能打消其疑虑。患者经常伴有焦虑或抑郁情绪，否认心理因素的存在。

躯体形式障碍又包括躯体化障碍、未分化躯体形式障碍、疑病症、躯体形式自主神经紊乱、持续性躯体形式疼痛障碍、其他或待分类躯体形式障碍六种亚型。

(五) 神经衰弱

一种以脑和躯体功能衰弱为主的神经症，以精神易兴奋又易疲劳为特征，表现为紧张、烦恼、易激惹等情感症状及肌肉紧张性疼痛和睡眠障碍等生理功能紊乱症状。

近一个世纪，神经衰弱的概念经历了一系列变迁，随着医生对神经衰弱认识的变化和各种特殊综合征和亚型的分出，在美国和西欧已不作此诊断。CCMD-3 工作组的现场测试证明，在我国神经衰弱的诊断也明显减少。

知识链接——抑郁症

抑郁症（depression），又称忧郁症，是以情绪低落为主要特征的一类心理疾病。它有别于正常的情绪低落，其程度可从轻度的情绪不佳到愁眉苦脸、唉声叹气、自卑等，重者甚至悲观厌世、自罪自责、食欲不振、失眠多梦，并伴有严重的自杀企图。

抑郁症的核心症状有：

1. 情绪低落　患者情绪消沉，整日愁眉苦脸，唉声叹气，兴趣索然，精力减退，严重者绝望无助，度日如年，大部分患者有结束自己生命的意念。抑郁情绪常在早上加重，下午或晚间减轻。

2. 思维迟缓　患者自觉脑子不好使，思维变慢或出现联想困难，有时注意力不集中、记忆力下降。为此，常常内疚自责，自我评价降低。

3. 精神运动抑制　患者言语减少、语音低沉、行动缓慢，精神运动明显抑制，常说疲乏无力，丧失积极性和主动性，严重者不语、不动、不吃、不喝，呈现木僵状态。

CCMD-2R 中抑郁症被归为神经症的一种类型，2004 年出版的 CCMD-3 中将抑郁性神经症改名为"恶劣心境"，从神经症中分列出来，归为"心境障碍"一类。

第四节　性心理障碍

一、性心理障碍概述

性心理障碍（psychosexual disorder），又称性变态、性欲倒错、性歪曲或性偏离等，指性行为明显偏离正常，以性对象歪曲和性行为异常为特征的心理障碍。

性心理障碍应排除器质性精神疾病、精神发育迟滞及其他精神疾病伴随的性行为异常，也要和流氓的性犯罪相区别。临床中性心理障碍者常有如下特征：

（1）多数人性欲低下，甚至不能完成正常的性生活。

（2）无其他的人格缺陷，除因性心理障碍表现出来的性行为与一般人性行为不同之外。

（3）多数人社会适应正常，工作中尽职尽责，态度认真，他们也有一般人的道德伦理观念，常对自己触犯社会规范的性行为深表悔恨，但又常常屡改屡犯。

（4）其异常性行为常会损害他人的身心健康，干扰社会秩序，加之有充分的行为辨认能力，因此其违法犯罪行为受行政纪律或法律追究。

（5）异常性行为持续半年以上。

二、常见性心理障碍类型

（一）性身份障碍

主要包括易性症等。易性症是指对自身性别的认定与解剖生理上的性别特征呈逆反心理，存在持续厌恶和改变自身性别的强烈愿望，并要求转换为异性的解剖生理特征（如使用手术或异性激素），其性爱倾向为纯粹同性恋。

（二）性偏好障碍

包括恋物症（包括异装症）、露阴症、窥阴症、摩擦症、性施虐与性受虐症、混合型性偏好障碍等。

1. 恋物症　在强烈的欲望与兴奋的驱使下，反复收集直接与异性身体接触的物品，如乳罩、内裤、丝袜等。所恋之物是极重要的性刺激来源，或为达到满意的性反应所必需。几乎仅见于男性。

2. 异装症　是恋物症的一种特殊形式，表现为对异性衣着特别喜爱，反复出现穿戴异性服饰的强烈欲望并付诸行动。患者穿戴异性服饰是为了获得性兴奋，并不要求改变自身性别的解剖生理特征，与易性症不同。

3. 摩擦症　指在拥挤场合或乘对方不备之际，反复地靠拢陌生人（通常是异性），紧密接触和摩擦自己身体的一部分（常为生殖器），以达到性兴奋目的的性心理障碍。患者没有暴露自己生殖器的愿望，也没有与所摩擦对象性交的要求。几乎仅见于男性。

4. 露阴症与窥阴症　露阴症是反复在陌生异性面前暴露自己的生殖器，以满足引起性兴奋的强烈欲望的一种性心理障碍；窥阴症是反复窥视异性下身、裸体，或他人性活动，以满足引起性兴奋的强烈欲望的性心理障碍。两类患者都没有与"暴露对象"或受窥视者性交的意愿或要求，均几乎仅见于男性。

5. 性施虐与性受虐症　以向性爱对象施加虐待或接受对方虐待作为性兴奋的主要手段的性心理障碍。其手段常为捆绑、引起疼痛和侮辱等，甚至可造成伤残或死亡。提供这种行为者为性施虐症，以接受虐待行为来达到性兴奋者为性受虐症。

（三）性指向障碍

包括同性恋、双性恋。同性恋是正常生活条件下，从少年期就开始对同性成员持续表现性爱倾向，包括思想、感情及性爱行为；双性恋是对同性和异性两种成员均持续表现性爱倾向。两类人均难以建立和维持与异性成员的家庭关系。

1973年，美国心理协会、美国精神医学会将同性恋自疾病分类系统中去除。2001年4月出版的《中国精神障碍分类与诊断标准》第3版中注明同性恋的性活动并非一定是心理异常，但在传统意义上仍被看作是性心理障碍。

第五节 成瘾行为

一、成瘾行为概述

成瘾，现逐渐被依赖所取代。《中国精神障碍分类与诊断标准》第3版（CCMD-3）中将其描述为依赖综合征或成瘾综合征（addiction syndrome），是指反复使用某种精神活性物质导致躯体或心理方面对该物质的强烈渴求与耐受性，这种渴求导致的行为极大地优先于其他重要活动。常见的精神活性物质包括酒类、阿片类、大麻、催眠药、抗焦虑药、麻醉药、兴奋剂、致幻剂和烟草等。

成瘾行为有两个特征：

（1）产生强烈的生理、心理及社会性依赖，所使用的精神活性物质已成为生活中的必需部分。

（2）一旦停止使用，将立即引起戒断症状。如坐立不安、焦虑、易激惹、注意力不集中、幻觉、妄想，甚至瞳孔放大或缩小、震颤或抽搐等。

二、常见成瘾行为类型

（一）药物成瘾

1. 概念 又称药物依赖、药物滥用，WHO于1964年正名为药物依赖性，1974年定义为：强烈渴求并反复应用药物，以取得快感，或避免不快感为特点的一种精神和躯体病理状态。

2. 分类 药物依赖性又分为精神依赖性和身体依赖性。

（1）精神依赖性 又称心理依赖性，指对药物的渴求，表现为不择手段和不由自主地强烈渴望用药，用药后产生一种特殊的"欣快感"。所有成瘾药物均有精神依赖的特点，且药物戒断后，精神依赖可持久存在，其最终消除有赖于个人的毅力、社会支持及一定的心理治疗。

（2）身体依赖性 又称生理依赖性，指反复使用某种药物造成的一种病理性适应状态，表现为耐药性增加和停药或减药后产生戒断症状。所谓耐药性指反复使用药物后，药效逐渐减低，若要取得初期效力，必须增加剂量。

3. 几种常见的药物依赖

（1）吗啡类依赖 该类药物包括吗啡、阿片、可待因、复方吐根散、罂粟碱等，有镇痛、止咳、止泻、麻醉、解痉等功效。此类药物普通用量就可成瘾，并迅速产生耐药性，精神依赖性特别强，停药或应用拮抗药后出现特有的戒断症状。

（2）镇静催眠药依赖 镇静催眠药包括巴比妥类药、抗焦虑药以及其他镇静催眠药等。此类药物先产生精神依赖性，大剂量反复长期使用后产生身体依赖性，戒断症状一般在停后1~3天出现。

（3）可卡因类药依赖 可卡因类药包括可卡因、普鲁卡因、丁卡因、利多卡因以及辛可卡因，临床主要用于麻醉。此类药物有强烈的精神依赖，但几乎不发生耐药性和身体依赖性。

(二) 酒精成瘾

1. 概念 又称酒依赖，指由于长期大量饮酒使机体对酒精产生心理和生理上的嗜好和适应，损害躯体和精神健康。酒依赖者的病死率、自杀率和交通事故死亡率都显著高于一般人群，除危害个人健康外，经常饮酒和醉酒还给家庭生活和社会治安带来一系列的麻烦。

酒依赖的发生率依社会文化背景不同而异，高发地区分布很广，如冰岛、法国、美国、瑞典、丹麦、芬兰、英国等；且男性显著多于女性，城市居民多于乡村居民。从年龄上讲，青少年期和中年后期是发生酒依赖的两个高峰阶段。

2. 原因 常为生理、心理及社会因素综合作用的结果。

(1) 生物学因素 发生酒依赖的快慢和难易人与人不尽相同，与个体的生物素质有关。

(2) 心理因素 具有某些个性特点的人，如易焦虑、易紧张、易冲动、好炫耀、不易满足及缺乏自制能力者等，易发生酒依赖。另外，在遭遇精神刺激之后，借酒浇愁，对酒依赖的形成也有诱发作用。

(3) 社会文化因素 不同国家、不同民族，酒滥用情况不同。如爱尔兰人的酒依赖发生率高，中国人、犹太人发生率低；著名的产酒地区、倡导饮烈性酒御寒的寒冷地区，酒依赖的发生率均较高。另外，社会文化中公众对饮酒的态度、习俗的饮酒方式、家庭及社会人际关系情况等也对酒依赖的发生有影响作用。

知识链接——网络成瘾

网络成瘾（internet addiction disorder）是指个体反复过度使用网络导致的一种精神行为障碍，表现为对网络的再度使用产生强烈欲望，停止或减少网络使用时出现戒断反应，同时可伴有精神及躯体症状。

网络成瘾分为网络游戏成瘾、网络色情成瘾、网络关系成瘾、网络信息成瘾、网络交易成瘾5类。

网络成瘾具有以下几个主要特点：

1. 上网成为其主要活动 网络成瘾者的思维、情感和行为都被上网这一活动所控制，无法上网时会体验到强烈的渴望。

2. 上网成为应付环境和追求某种主观体验的策略 通过网络活动可以产生兴奋和紧张等情绪体验，也可以获得一些安宁，逃避甚至是麻木的效果。

3. 上网时间和投入程度逐渐增加 如此才能获得以前曾有的满足感。

4. 不能上网时产生烦躁不安等情绪体验和全身颤抖等生理反应。

5. 导致与周围环境的冲突 比如家庭关系、朋友关系和工作关系的消退和恶化；与学习、工作、社会活动和其他爱好等的冲突；成瘾者意识到过度上网的危害又不愿舍弃上网带来的各种精神满足。

6. 成瘾行为会反复发作 经过一段时间的控制和戒除之后，仍会发作并且表现出更为强烈的倾向。

本章小结

1. 异常心理是指人的心理（包括认知、情绪情感、行为、人格特征等）偏离了常态，出现了异常。
2. 异常心理产生的原因主要有生物因素、心理因素和社会文化因素。
3. 常用的判断心理正常与异常的标准有经验标准、社会适应性标准、医学标准及统计学标准。
4. 常见的心理障碍有人格障碍、神经症、性心理障碍及成瘾行为等。
5. 人格障碍是指人格发展的畸形和偏离状态，表现为固定持久的适应不良行为模式，明显地影响职业和社交能力。常见的人格障碍有偏执性人格障碍、分裂样人格障碍、反社会性人格障碍、冲动性人格障碍、表演性人格障碍、强迫性人格障碍、焦虑性人格障碍、依赖性人格障碍等。
6. 神经症是一组精神障碍的总称，患者觉察或体验到持久的心理冲突，为此深感痛苦但无能为力，妨碍了心理和社会功能，且无器质性的病变作基础。常见的神经症有恐怖症、焦虑症、强迫症、躯体形式障碍及神经衰弱。
7. 性心理障碍是指性行为明显偏离正常，以性对象歪曲和性行为异常为特征的心理障碍。常见的性心理障碍有易性症、恋物症、异装症、摩擦症、性施虐与性受虐症、露阴症与窥阴症。
8. 成瘾行为是指反复使用某种精神活性物质导致躯体或心理方面对该物质的强烈渴求与耐受性，这种渴求导致的行为极大地优先于其他重要活动。常见的成瘾行为有药物成瘾、酒精成瘾及赌博成瘾等。

自测题

一、单项选择题

1. 在心理正常与否的判断标准中，以全体人群中某种心理特征的人数分布情况作为判断依据的标准是
   A. 经验标准　　B. 社会适应性标准　　C. 医学标准　　D. 统计学标准
2. 人格障碍是指
   A. 人格特征明显偏离正常
   B. 不影响其社会功能与职业功能
   C. 患者形成了间断地反映个人生活风格和人际关系的异常行为模式
   D. 因其智能障碍，适应不良的行为模式难以矫正
3. 以过分要求严格与完美无缺为特征的人格障碍是
   A. 冲动型　　B. 焦虑型　　C. 强迫型　　D. 表演型
4. 神经症的主要类型不包括
   A. 强迫症　　B. 神经衰弱　　C. 易性癖　　D. 躯体形式障碍
5. 强迫行为不包括
   A. 强迫表象　　B. 强迫检查　　C. 强迫计数　　D. 强迫洗涤
6. 下列不属于性心理障碍类型的是

A. 性身份障碍　　B. 性偏好障碍　　C. 性指向障碍　　D. 性生理障碍

二、填空题

1. 异常心理的原因包括_____、_____和_____。
2. 常见的人格障碍有_____、_____、_____、_____。（列举四种）
3. 常见的神经症类型有_____、_____、_____、_____。（列举四种）
4. 常见的性心理障碍有_____、_____、_____、_____。（列举四种）
5. 药物依赖性又分为_____和_____。前者是由于反复用药所造成的一种病理性适应状态，表现为_____增加和_____症状的出现；后者使吸食者产生欣快的感觉，驱使使用者为寻求这种感觉而反复使用药物。

三、名词解释

1. 异常心理　2. 人格障碍　3. 神经症　4. 成瘾行为

四、简述题

简述人格障碍的特征。

（山东万杰医学院　杨玉娟）

第七章　心理评估

> **学习目标**
> 1. 掌握心理测验的概念及分类。
> 2. 熟悉心理测验应具备的条件、常用的心理测验和常用的评定量表。
> 3. 了解心理评估的概念、目的、常用方法。

心理评估广泛应用于心理学、医学、教育、人力资源、军事司法等领域的某些方面。心理评估应用于临床医学为治疗、咨询和护理提供依据。同时在其他领域为能力鉴定、人才选拔和司法鉴定等提供参考依据。心理评估方法包括观察法、访谈法和心理测验法，前两种是定性的评估方法，后者是定量的评估方法。三种方法都有优点和不足之处，心理评估时将三者结合起来使用，才能对个体心理现象进行较全面、客观的判断。

第一节　概　　述

一、心理评估的概念

心理评估（psychological assessment）指通过应用心理学的方法、技术和工具获得个体的信息，从而对个体某一心理现象作全面、系统和深入的客观描述。它是对个体心理品质及其水平作出鉴定的过程。

二、心理评估的目的

心理评估在医学心理学及医学相关领域有非常重要的作用，通过心理评估可达到以下目的：①可做出或协助进行心理、心身疾病的诊断；②提供制订心理障碍、心身疾病等防治措施的依据；③作为判断心理咨询、心理治疗及心理护理效果的指标；④是医学和心理学常用的研究手段。

三、心理评估的常用方法

（一）观察法

是指通过对被评估者的行为表现进行有目的、有计划地观察和记录而进行心理行为评估的一种方法，是心理学研究中最基本的方法。观察的途径可以是直接观察或间接观察（如通过摄像、录像设备）。心理评估观察内容一般包括身体状况、仪表、言语动作、人际沟通风格、兴趣爱好、注意力、个性特征和各种情境下个体的应对方式等。依据观察情境，观察法可分为自然观察法和控制观察法两种。

（二）晤谈法

又称会谈法。是评估者与被评估者以面对面的谈话方式，有目的地收集资料的一种方法。根据评估者事先是否确定访谈的问题和程序，访谈方式有结构式访谈和非结构式访谈两种。

1. 结构式访谈　访谈前评估者根据评估目的预先设定好结构和程序，确定访谈的问题、问题排列顺序以及各个问题的备选答案。结构式访谈具有省时、高效、切题及资料便于统计分析等优点，但过于程序化、易遗漏相关信息、气氛死板。

2. 非结构式访谈　访谈前评估者只确定访谈的主题或方向，没有确定要访谈的具体问题。访谈双方以自然的方式进行交流，谈话是开放式的，评估者可以根据评估目的和被评估者的实际情况提问，被评估者能自由地表述见解，访谈气氛比较轻松，可以获得较真实的资料，但话题松散、费时、易偏离主题。

（三）心理测验

心理测验是在实验心理学的基础上形成和发展起来的一种测量工具。在心理评估领域，心理测验占据着重要的地位。

第二节　心 理 测 验

一、心理测验的概念

心理测验（psychological test）是指依据一定的心理学原理和技术，对人的心理现象或行为进行数量化测量，从而确定心理现象在性质和程度上的差异。它是在标准的情境下，对行为样本进行客观描述的标准化测量工具。

所谓标准情境，一是指测验情境，要求所有被试者均用同样的刺激方法来引起他们的反应；二是被试者心理状态，要求被试者处于最能表现所要测查的心理活动的最佳时期。

行为样本指有代表性的样本，即测验内容。一般情况下，人的心理活动都是通过行为表现出来的，心理测验就是通过测量其部分代表性行为来间接地反映心理活动的规律和特征。

结果描述指对心理测验的结果以能使人们理解的方式进行的描述。通常分为数量化和划分范畴两类。例如，以智力商数（IQ）为单位对智力水平进行数量化描述。有些心理现象不便数量化，可划分范畴，如正常和异常、内向和外向等。一般可数量化的结果也可以划分范畴，如智力水平高低也可根据 IQ 值划分为正常、超常和低常等。

二、心理测验的分类

目前在临床心理评估中常用的心理测验有百余种，通常按测验的目的和功能分为以下几种：

1. 智力测验　以测量个体的智力水平为目的。临床上智力测验主要应用于儿童智力发育的鉴定以及作为脑器质性损害及退行性病变的参考指标。常用的有比奈-西蒙量表、斯坦福智力量表、韦克斯勒智力量表。

2. 人格测验　人格测验方法通常有问卷法和投射法。问卷法也称自陈量表，常用的自陈量表主要有：①卡特尔16项人格因素问卷（16 personality factors questionnaire，16PF）；②艾森克个性问卷（Eysenck personality questionnaire，EPQ）；③加州心理调查表；④明尼苏达多相人格调查表（Minnesota muliphase personality inventory，MMPI）等。常用的投射测验主要有：①主题统觉测验；②洛夏墨迹测验。这些测验在临床上多用于心理障碍患者的诊断和病情预后的参考，也用于心理咨询时对人格的评价等。

3. **神经心理测验** 是评估正常人和脑损伤患者脑功能状态的心理测验,在脑功能的诊断及脑损伤的定位、康复评估方面发挥重要作用。主要有个别能力测验和成套测验。常用个别能力测验有感知运动测验、记忆测验、联想思维测验。成套测验有 H-R 神经心理测验等。

4. **评定量表** 是对自己主观感受和他人行为的客观观察进行量化描述的方法。评定量表不仅可评定有无某些行为或人格特征,还可以对行为和人格特征作出等级或水平的评定。最早用于精神科,后来推广到其他临床和研究领域。临床常用的评定量表有 90 项症状自评量表、焦虑自评量表、抑郁自评量表、A 型行为评定量表等。

5. **职业咨询测验** 常用的测验有职业兴趣问卷、性向测验和特殊能力测验等。智力和人格测验也常与这些测验联用,使评估结果更为全面。

三、心理测验的条件

(一) 心理测验工具的要求

1. **标准化** 标准化是心理测验的最基本要求。其中最重要的包括测验内容的编制、实施的过程、计分方法和测验分数的解释等都有明确的要求。如统一的指导语、评分标准和常模。而且要具备主要的心理测量学技术指标,并达到国际公认的水平。只有这样的测验才能称为标准化测验。

2. **常模(norm)** 是指某种心理测验在某一人群中测查结果的标准量数,也就是可供比较的标准。被试者某项测验的结果只有与这一标准比较,才能确定测验结果的实际意义。故常模是解释测验结果的依据。比如,我国目前的 90 项症状自评量表的常模,是依据 1986 年全国 13 个地区 1388 名正常成人取样资料计算而来。通用常模形式有均数、标准分、百分位、划界分、比率(或商数)等。

3. **信度(reliability)** 是指测验结果的可靠性或一致性。包括时间上、内容上和不同评分者之间的一致性。信度主要考虑随机偶然误差的影响。

4. **效度(validity)** 指测验结果的有效性和准确性,即一个测验能够正确的测量出它所要测量的内容和程度。效度越高表示该测验测量的结果所能代表要测量行为的真实度越高。如一个智力测验,测验结果表明的确测得了被试者的智力,而且测准了被试者智力水平,表示这个测验的效度高。

(二) 心理测验的环境要求

心理测验环境应安静、舒适、安全。室内通风、采光良好,温度、湿度适宜;保密性好,不受外来干扰;室内陈设简单、实用,不应新奇华丽,以免分散被试者注意力。

四、常用的心理测验

(一) 智力测验

智力测验(intelligence test)是评估个人一般能力的方法,它是根据有关智力概念和智力理论经标准化过程编制而成。是用测验的方式来衡量人的智力水平高低的一种方法。

1. **智商(IQ)** 是智力测验结果的量化单位,用于衡量个体智力发展水平的一种指标。智力测验结果的量化方式有两种:

(1) **比率智商(ratio IQ)** 计算方法为:IQ=MA/CA×100(MA 为智龄),指在智力测验上所达到的年龄水平。CA 指测验时的实际年龄,设定 MA 与 CA 相等时为 100。例如,某儿童智力测验的 MA 为 10,而他的 CA 为 8,那么他的 IQ 为 125,说明该儿童比同龄儿童的平均能力高。

(2) 离差智商（deviation IQ） 由韦克斯勒提出。计算公式为 IQ=100+15($X-M$)/SD。公式中 X 为被试者的成绩，M 为样本成绩的均数，SD 为样本成绩的标准差，($X-M$)/SD 是标准分（Z）计算公式。

2. 韦氏智力量表　是由美国心理学家韦克斯勒编制的三个相互衔接的智力量表。包括韦氏成人智力量表（WAIS）、韦氏儿童智力量（WISC）及韦氏学前儿童智力量表（WPPSI），分别适应 16 岁以上、6～16 岁和 4～6.5 岁三个年龄阶段的智力测验。可以对一个人从幼年到老年的智力进行测量，便于前后比较。我国韦氏智力量表的修订本（WAIS-RC）分别制订了城市和农村两套常模。WAIS-RC 全量表由言语和操作两个分量表组成，其中言语量表含 6 个分测验，操作量表含 5 个分测验。韦氏智力量表智商等级分布见表 7-1。

表 7-1　韦氏智力量表智商等级分布

智力等级	智商范围	理论分布（%）
非常优秀	130 以上	2.2
优秀	120～129	6.7
中上（聪明）	110～119	16.1
中等	90～109	50
中下（迟钝）	80～89	16.1
临界	70～79	6.7
智力发育迟钝	69 以下	2.2

> **知识链接——比奈量表**
>
> 比奈量表是智力测验最早的智力量表，该量表首次由法国心理学家比奈（A. Binet）和西蒙（T. Simon）于 1905 年发表，又称比奈-西蒙量表。主要测试儿童的判断、理解和推理能力。量表由 30 个难度不同的题目构成，题目的顺序是从易到难，每个题目测验一个方面的能力，以通过题目的多少作为鉴别智力高低的标准。比奈量表后经过多次修订，测验题目由 30 个项目增加到 59 个项目，并将测验的结果用心理年龄即智龄来表示。1916 年美国斯坦福大学的特尔曼（L. M. Terman）对其多次进行修订后称斯坦福-比奈量表。修订后量表的项目增加至 90 个项目，并首次将智力商数概念引入智力测验，以智商来表示智力的相对水平。

（二）人格测验

1. 艾森克人格问卷（EPQ）　EPQ 是由英国心理学家艾森克（Eysenck）编制的。EPQ 分为成人（16 岁以上）问卷和儿童（7～15 岁）问卷两种。我国龚耀先的修订本（成人和儿童）均为 88 项，陈仲庚修订本（成人）有 85 项。EPQ 由三个人格维度量表（E、N、P

和一个效度量表（L）组成。回答选择"是"或"否"。

（1）神经质（N）维度　测查情绪稳定性。高分表示情绪不稳，焦虑、紧张、易怒，往往又有抑郁，对各种刺激的反应过于强烈，难以平复。低分表示情绪反应慢、弱、易平复等特征。

（2）内-外向（E）维度　测查内向和外向人格特征。高分反映个性外向，具有好交际、热情、反应迅速、冲动等特征。低分则表示个性内向，具有好静、稳重、保守、不善言谈、做事严谨，有计划等特征。

（3）精神质（P）维度　测查一些与精神病理有关的人格特征，并非指精神病，它在所有人身上都存在，只是程度不同而已。高分可能具有孤独、不关心他人、缺乏同情心、常抱敌意、对别人不友好、难以适应外部环境等特征。也可能具有与众极其不同的人格特征。低分表示爱交往，易于适应外部环境。

（4）掩饰（L）量表　测查朴实、遵从社会习俗及道德规范等特征。在国外，高分表明掩饰、隐瞒。但得分高低与年龄、性别、民族差异有关。

EPQ结果采用标准T分表示，根据各维度T分高低判断人格倾向和特征。因EPQ为自陈量表，实施方便，有时也可作团体测验，在我国是临床应用最为广泛的人格测验问卷。

2. 明尼苏达多相人格调查表（MMPI）　MMPI由Hathaway SR和McKingley等于1940年编制。1989年Butcher等完成了修订工作，称MMPI-2。我国宋维真等完成了MMPI修订工作，制订了全国常模。MMPI适用于16岁以上至少有6年以上教育者。MMPI-2也已引入我国，提供了成人和青少年常模，可用于13岁以上青少年和成人的人格测验。MMPI适用于个体和团体测验，共有566个自我陈述形式的题目，其中1～399题与临床有关，其他是一些研究量表。题目内容包括身体各方面的情况、精神状态、家庭、婚姻、宗教、政治、法律和社会等方面的态度和看法，被试者根据自己的情况对每个题目作出"是"与"否"的回答，若不能判断可不作答。MMPI分为4个效度量表和10个临床量表。

MMPI应用广泛，主要用于病理心理的研究，在精神病学领域主要用于协助临床诊断，在心身医学、行为医学领域用于多种患者的人格特征研究，心理咨询和心理治疗中采用MMPI评估来访者的人格特点及心理治疗效果的评价，目前还用于司法鉴定。

3. 卡特尔16项人格因素问卷（16PF）　16PF是卡特尔（Cattell RB）根据人格特质学说，采用因素分析方法于1949年编制而成，以后经过多次修订，于20世纪70年代介绍到我国，适用于16岁以上具有小学以上文化程度者。16PF共有187个自我陈述题目，共测出16种因素的特征。每道题后有三种答案可供选择：A，是的；B，介于A与C之间；C，不是的。被试者根据自己的情况选择其中一种答案。16PF可用于团体测验，也可用于个体测验，对心理咨询、人才选拔和职业咨询等具有一定的参考价值。

（三）症状评定量表

1. 90项症状自评量表（symptom check list 90，SCL-90）　因反映症状丰富，能较准确地评估患者自觉症状，适用于精神科患者和心理咨询门诊，也可用于综合性医院以了解躯体性疾病患者的精神症状。

SCL-90由90个反映常见心理症状的项目组成，包括9个症状因子和一个"其他"因子，分别反映不同方面的心理症状情况。每个项目后按"没有、很轻、中等、偏重、严重"分为1～5级评分，由被试者根据自己现在或最近1周的情况和体会对各项目选择恰当的评分。

(1) SCL-90 的 10 个因子包含的项目数及意义见表 7-2。

表 7-2　SCL-90 因子结构及意义

因子	题号（项目数）	意义
躯体化（12）	1、4、12、27、40、42、48、49、52、53、56、58	主要反映主观的身体不舒适感
强迫（10）	3、9、10、28、38、45、46、51、55、65	主要反映强迫症状
人际敏感（9）	6、21、34、36、37、41、61、69、73	主要反映个人不自在感和自卑感
抑郁（13）	5、14、15、20、22、26、29、30、31、32、54、71、79	主要反映抑郁症状
焦虑（10）	2、17、23、33、39、57、72、78、80、86	主要反映焦虑症状
敌意（6）	11、24、63、67、74、81	主要反映敌对表现
恐怖（7）	13、25、47、50、70、75、82	主要反映恐怖症状
妄想（6）	8、18、43、68、76、8	主要反映猜疑和关系妄想
精神病性（10）	7、16、35、62、77、84、85、87、88、90	主要反映幻听、被控制感等精神分裂症症状
其他（7）	19、44、59、60、64、66、89	主要反映睡眠和饮食情况

(2) 统计分析指标　①总分：90 个项目分相加之和；②总均分：总分/90；③阴性项目数：单项分＝1 的项目数；④阳性项目数：单项分≥2 的项目数或 90－阴性项目数；⑤阳性症状均分：（总分－阴性项目数）/阳性项目数；⑥因子分：组成某一因子的各项目数总分/组成某一因子的项目数。

根据总分、总均分、阳性症状均分、因子分等评分情况，可获得患者症状的总印象，判断是否需要进一步检查。

2. 抑郁自评量表（self-rating depression scale，SDS）　SDS 系 Zung 于 1965 年编制，由 20 个与抑郁症状有关的条目组成。SDS 操作简便、易掌握。用于反映有无抑郁症状，衡量抑郁症状的轻重程度及其在治疗中的变化，特别适用于综合医院对有抑郁症状的成人进行评定，也可用于流行病学调查。评定时间为最近 1 周。

(1) 评分　SDS 每个条目后有 1~4 级评分选择：1 表示很少有该项症状；2 表示有时有该项症状；3 表示大部分时间有该项症状；4 表示绝大部分时间有该项症状。被试者根据最适合自己情况的时间频度来选择。20 个项目中有 2、5、6、11、12、14、16、17、18、20 为反序计分题，即按 4、3、2、1 计分。

(2) 统计总分　主要统计指标为总分。将所有项目得分相加得到总分。总分超过 41 分可考虑筛查为阳性，即可能有抑郁存在，需进一步检查。严重程度可用抑郁严重指数衡量，抑郁严重指数＝总分/80。指数范围为 0.25~1.0，指数越高，反映抑郁程度越重。

3. 焦虑自评量表（self-rating anxiety scale，SAS）　SAS 由 Zung 于 1971 年编制，用以评定焦虑患者的主观感受。适用于具有焦虑症状的成人，主要用于疗效的评估，也可用于流行病学调查。评定时间为最近 1 周。

评分：SAS 由 20 个与焦虑症状有关的条目组成。每项条目后有 1~4 级评分选择。计分方法同 SDS，项目 5、9、13、17、19 为反序计分，即按 4、3、2、1 计分。主要指标为总分，各条目评分相加即得到总分（粗分），然后用粗分乘 1.25 后取整数部分，即得到标准指数分。按中国常模标准分为50分，总分正常上限为40分。分数越高，反映焦虑程度越重。

本章小结

　　1. 心理评估应用于临床医学时称临床心理评估，是心理干预的重要前提和依据，同时心理评估还可对心理干预的效果做出判断。心理评估常用的方法有观察法、访谈法和心理测验法。心理评估者应具备相关的基础知识和操作技能，以及良好的心理素质和职业道德。

　　2. 心理测验是一种心理测量的工具。包括智力测验、人格测验和神经心理学测验、职业咨询测验。标准化心理测验应具有常模、信度和效度几个基本条件。

　　3. 临床常用评定量表是对自己主观感受和他人行为的客观观察进行量化描述的方法，可分自评量表和他评量表。本章主要介绍了临床常用的SCL-90、抑郁、焦虑三种症状自评量表。

自测题

一、单项选择题

1. 关于非结构性访谈下列哪项是正确的
   A. 访谈前已确定访谈问题、问题排序及每个问题的备选答案
   B. 访谈问题是有结构的，而回答是自由的
   C. 访谈前只确定访谈的主题或方向，没有确定要访谈的具体问题
   D. 具有省时、高效、切题及资料便于统计分析等优点
2. 关于心理测验下列哪项是错误的
   A. 在标准的情境下进行
   B. 被试者处于最能表现所要测查的心理活动的最佳时期
   C. 测验内容为个体的全部行为
   D. 一套测验工具通常包括测验材料和使用手册
3. EPQ是用来测量
   A. 智力　　　　B. 适应性行为　　　　C. 特殊能力　　　　D. 人格
4. 症状评定量表评定的时间范围是最近
   A. 1个月　　　　B. 1周　　　　C. 3个月　　　　D. 2周
5. 反映心理测验结果的有效性和准确性的是
   A. 常模　　　　B. 重测信度　　　　C. 效度　　　　D. 复本信度
6. 用WAIS测得某人智商为105，此人智商是
   A. 优秀　　　　B. 中上　　　　C. 中下　　　　D. 中等

二、填空题

1. 访谈分为_____和_____两种。
2. 人格测验方法通常有_____和_____。
3. EPQ由_____、_____、_____三个人格维度量表和一个效度量表组成。
4. 韦氏成人智力测验的两个分量表是_____和_____。

三、名词解释

1. 心理评估　2. 心理测验　3. 信度　4. 效度

四、问答题

1. 心理测验按测验的目的和功能分为哪几类？
2. 标准化心理测验应具备的主要技术指标有哪些？

（益阳医学高等专科学校　叶　玲）

第八章 心理咨询与心理治疗

学习目标

1. 掌握心理咨询与心理治疗的概念、心理咨询的对象。
2. 熟悉常用心理治疗方法、原则、面谈技巧、过程。
3. 了解心理咨询与心理治疗的关系、心理咨询的形式。

人的心理成长需要经历一个漫长的发展过程，在这个过程中，同时受到先天遗传与后天环境的共同影响，某些影响可能使人的心理发展停滞或出现心理健康问题，某些影响却可促进发展或激发潜能。心理咨询与心理治疗是一门助人技术，它可以化解人们成长过程中的心理症结，促进心理成熟，激发心理潜能。

第一节 概 述

一、心理咨询与心理治疗的概念

(一) 心理咨询的概念

咨询（counseling）是指商谈、征求意见、寻求他人帮助。心理咨询（psychological counseling）是指咨询者运用心理学的理论与方法，通过特殊的人际关系，帮助来访者解决心理问题、提高适应能力、促进人格发展的过程。该定义中的"心理咨询"是指一种"职业性的活动"，而非一般意义上的思想政治工作。通过咨询可以给来访者以帮助、教育，使他们获得益处。

心理咨询的应用范围非常广泛，涉及人类社会活动的各个方面。根据不同的群体，可将心理咨询分为学校心理咨询、家庭心理咨询、企业心理咨询等；根据咨询内容又可分为人际心理咨询、法律心理咨询、教育心理咨询和医学心理咨询等。

医学心理咨询是心理咨询的一个重要分支，是帮助来访者探讨心理问题、心理障碍的性质，查明它们产生的原因，提供解决问题的指导和帮助的过程。医学心理咨询的主要对象是患者或寻求医学帮助和指导的人们。

(二) 心理治疗的概念

心理治疗（psychotherapy）是指治疗者以医学心理学理论为指导，以良好的医患关系为桥梁，应用各种心理学技术，按照一定的程序，改善患者的心理状态，达到消除心身症状，重新获得心身平衡的目的。心理治疗常包括以下要素：①重视治疗关系，即治疗关系是基础；②专业性，必须是经过专业训练的人，使用手段是心理学技术与方法；③对象是心理异常的人；④目的是激发动机和潜能，消除或缓解其心理痛苦与症状，促进人格健康与发展。

心理治疗方法种类繁多，依据心理学理论派别，分为精神分析法、行为疗法、认知疗法和人本主义疗法等；依据治疗形式，分为个别心理治疗和集体心理治疗；依据来访者意识范围的大小，分为觉醒治疗和催眠暗示治疗。

知识链接——心理咨询与心理治疗的发展简史

据文献记载，心理咨询起源于1896年诞生的《临床心理学》。此书是美国心理学家赖特纳·韦特默（Lightner Witmer，1867—1956）所著。1896年韦特默创建了第一个心理诊所（psychologic clinic），这是世界上第一个儿童指导诊所，并成为临床心理学产生的标志。20世40年代后，心理咨询这门学科迅速发展。

心理治疗的起源可以追溯到古代。如早在古希腊和古埃及时代，人们就利用暗示、音乐和催眠等手段治疗疾病。我国传统医学中的"情志相胜法"、"气功引导法"等就属于早期的心理治疗。但古代的心理治疗并未形成系统的理论和方法。

现代心理治疗的历史可以追溯到19世纪末弗洛伊德（Freud）所创始的精神分析。弗洛伊德学说的提出标志着心理治疗的真正开端，也成为心理治疗史上的一个里程碑。1913年华生发表了《行为学家眼中的心理学》，提出了行为是由环境决定的观点。20世纪50年代末，建立在行为主义理论基础上的行为疗法开始迅速发展，并成心理治疗的又一重要流派。近半个世纪以来，随着心理科学研究的深入，不但原有的心理治疗方法不断分化和完善，而且许多新的心理治疗方法也如雨后春笋般出现，如人本主义疗法、认知疗法、森田疗法等。

心理分析的理论在20世纪一二十年代就已传入我国，但那时仅仅只是进行尝试。新中国成立至"文革"开始的十几年，我国只有少部分专业人员进行了零散的心理治疗工作。"文革"期间由于心理学被斥为伪科学，心理治疗几乎成为空白阶段。20世纪80年代初开始，心理学著作的出版、心理咨询与心理治疗培训班及学术交流活动逐渐增多，高等院校、部队、精神病专科医院、综合医院门诊等陆续设立心理门诊。20世纪90年代初成立了心理咨询与心理治疗以及大学生心理咨询两个专业委员会，2004年《心理咨询师国家职业标准》出台等使心理咨询与心理治疗及其从业人员朝向规范化发展。

二、心理咨询与心理治疗的关系

心理咨询与心理治疗既有联系又有区别。心理咨询与心理治疗的相似之处主要有：①两者采用的理论和方法常常是一致的。②在强调帮助来访者成长和改变方面，两者是相似的。③都重视与来访者建立良好的人际关系，认为这是帮助来访者改变和成长的必要条件。

心理咨询与心理治疗工作的区别主要在于：①对象不同：心理治疗的工作对象主要是有心理障碍的患者，心理咨询的工作对象主要是正常人。②工作侧重点不同：心理治疗着重处理心理健康问题，心理咨询着重处理发展中的问题。③所处地位不同：心理治疗中治疗师是权威，可给予指导性建议；心理咨询中会谈双方地位平等，注重言谈中的非指导性。④用时不同：心理治疗费时较长，治疗由几次至几十次，甚至更长；心理咨询一般用时较短，通常面谈1~6次。

心理咨询与心理治疗的目标：从咨询过程看，包括三个不同的层次：第一层次是直接目标，即通过咨询帮助来访者解决当前所遇到的问题和困扰。如学习问题、婚姻家庭问题、择业问题、挫折、意外伤残、人际关系问题等。第二层次是中间目标，即帮助来访者通过反思，达到自我认识、自我接纳、塑造良好的自我形象，树立正确的人生观和采取适当的生活方式。第三层次是自我实现，这是心理咨询的终极目标，即帮助来访者自我成长并达到自我实现的境界。

三、心理咨询与心理治疗的原则

（一）发展性原则

心理咨询与心理治疗工作者应明确其临床服务工作的目的是促进来访者的心理成长。避免扮演来访者的人生指导教师角色，避免使来访者对心理治疗师产生一种心理依赖。

（二）客观中立原则

心理咨询与心理治疗工作者应注意在其临床服务工作中保持客观中立的立场。心理工作者应对自己早期经历的影响，个人的世界观、价值观的影响有充分的了解，应注意避免将自己个人的世界观、价值观等带入临床工作中。

（三）尊重原则

心理工作者应尊重每一位来访者，无论其职业、年龄、性别、身份、贫富、民族等均应一视同仁，尊重他们作为人的权利和尊严，以真诚的态度帮助他们。

（四）保密原则

对来访者的姓名、职业、病情及治疗经过等进行保密是治疗师和咨询师应遵循的职业道德，也是进行心理服务工作所应遵循的一个重要原则。在保密限度内，没有获得来访者许可，绝对不可泄露任何来访者的个人隐私。

（五）时间限定原则

心理治疗师与心理咨询师在其临床服务工作中，应遵守治疗时间的规定，通常个体晤谈时间每次为40~60 min，无特殊情况不得随意延长和更改会谈时间和已经约定的会谈时间。

（六）关系限定原则

心理治疗师与心理咨询师在其临床服务工作中应按照本专业的道德规范与来访者建立良好的治疗关系。不得利用来访者对自己的信任或依赖谋取私利，不得与来访者发展专业工作以外的社会关系。

四、会谈技巧

（一）非言语技巧

非言语行为包含了丰富的信息。研究表明，当一个人的言语行为与非言语行为存在不一致的情况时，非言语行为有助于更准确地理解个体的心理活动。非言语行为包括目光的接触与转移、面部表情的变化、身体的移动、姿态、音量、音调、语气、语速的观察与运用等。

（二）倾听技巧

1. 开放式提问　其问题常常运用包括"什么"、"怎么"、"为什么"等词在内的语句发问,让来访者对有关的问题或事件给予较为详细的回答,而不是仅仅以"是"或"不是"来回答。

2. 封闭式提问　这类问题的特点就是可以用"是"或"不是"、"有"或"没有"、"对"或"不对"作答。这类问题在会谈中具有收集信息、澄清事实、缩小讨论范围等功能。封闭式提问在会谈中不宜过多使用,否则会置来访者于被动地位而影响关系的建立。

3. 鼓励与重复语句　对来访者所说的话仅以简短的词语进行反应,如"嗯……嗯","是这样","后来呢"等鼓励对方进一步讲下去,并结合非言语行为使来访者感受到咨询师在认真倾听他说话,真诚希望他继续讲下去。咨询师对来访者前面所说的话给予简短的重复也是鼓励对方的一种反应。

4. 内容反应　对来访者在谈话中所讲的主要内容及其思想的实质内容进行复述。其目的是反馈咨询师对来访者所谈问题的理解程度;对问题本质及关键点的重复也给了来访者以重新探索自己的问题,并重新思考事物之间的关系,深化所谈话题内容的机会。

5. 情感反应　治疗师或咨询师通过表述他所理解的来访者谈话中所包含的情绪体验,表达了他对来访者的情绪反应的理解。治疗师或咨询师可用"你感受到……"、"你觉得……"等词语对来访者的情绪反应进行描述。

(三) 影响技巧

1. 解释　是治疗师或咨询师从有关的心理治疗理论及个人经验出发,提出关于来访者的情绪、行为等产生和持续出现的影响因素和可能原因。解释能给来访者提供一种新的视角,使他们能够从另一角度去了解和认识自己及自己的问题。

2. 指导　指导就是告诉来访者做某事,或说某些话,引导来访者做某些训练等。不同心理治疗学派对指导这一影响技巧的使用有所不同。

3. 忠告　治疗师借助为来访者提供建议,或为其提供具有指导意义的思想观点来帮助来访者。在通常情况下,治疗师一般不应主动提供出过多忠告和建议,最好在来访者询问治疗师的意见或建议时再给予忠告。

4. 自我暴露　是指治疗师或咨询师将自己个人的有关信息讲出来,使来访者了解的过程。自我暴露要以有利于治疗会谈的进行,有利于来访者的改变为前提。

5. 反馈　是指治疗师或咨询师为来访者提供自己或他人会怎样看待来访者的问题的特殊信息。目的是帮助来访者开阔眼界,了解其他人是怎样想、怎样处理相同或相似事件的。

第二节　心 理 咨 询

一、心理咨询的对象

心理咨询的对象属于正常人的范畴。心理咨询对象通常具备下述特点:他们存在着自我成长和发展的问题,是有心理方面困扰的人,或同时伴有不良心身症状的人;他们能意识到自己存在问题,能表达问题的内容、过程和自我体验;他们有寻求帮助的动机,并主动找心理咨询师帮助。即心理咨询的对象应该是有一定的问题、有一定的认识和体验能力、主动寻求帮助的人。

知识链接——咨询案例

案例1：某女，大学生，自述1个月以来出现人际紧张，见到寝室同学尤甚："她们很优秀，喜逞强。她们几个关系越来越好，有些冷落我，疏远我，似乎瞧不起我，我感到很孤独，却又不敢与其他寝室的同学交往过密，怕本寝室的同学有想法……慢慢出现心悸，失眠，记忆力下降，注意力不集中，头脑一片混乱。这种状况又不敢向别人说，怕他们瞧不起；也不敢告诉家人，怕亲人着急。真不知如何是好？"

案例2：某男，23岁，15岁起一直为狐臭所困。认为狐臭影响了别人，也使别人厌恶自己，因而整日想着如何去除狐臭。自认为过去在同学中很受尊重，自发现狐臭后，同学们与他疏远了，自己学习成绩也下降了。一直想着动手术解决此问题，但因家里经济不宽裕而遭父亲拒绝。近年来找了几份工作，均没做多久就辞了：要么说老板不好相处，要么说工资低（少于2000元）等。总认为所有不顺皆因狐臭，只要狐臭解决了一切就好了。其父说，儿子做事过于追求完美，喜挑剔，容易责怪别人，好推卸责任。

两案例均是由其不良个性和非理性认知所引起的人际关系问题。

二、心理咨询的形式

常见的心理咨询形式有以下几种：

1. 门诊咨询　来访者直接访问咨询师，针对自己的心理和行为问题或为其亲朋好友的心理行为问题寻求专业的指导和帮助。咨询门诊通常设在综合性医院或卫生保健部门，来访者与咨询师直接交流，能够及时、深入、全面了解来访者的问题。因此门诊咨询是心理咨询中最主要、最有效的形式。

2. 信函咨询　指咨询双方通过书信来往而进行的咨询。这种形式适用于距离较远或不愿意暴露身份的人。其优点是能够避免直接面谈时的紧张局促和难以启齿的窘境。局限性是通信的时间较长，不能及时反馈信息；信件的信息量有限，难以更深入地了解情况而影响咨询效果。信件咨询可以作为直接咨询的一种预备和补充形式。

3. 专栏咨询　心理咨询机构通过报纸杂志上开设的专栏对求助者所提出的问题请专家给予答复。这种形式不受时间和场所的限制，对普及心理健康知识有着重要的积极意义。但是，因专栏中所含信息量比较少，往返交流的周期也较长，一般的科普文章难以有针对性地解答每个人的特殊问题，因此，在实践收效方面受到一定的限制。

4. 电话咨询和网上咨询　这是通过电话通话和网络通讯的交流方式对求助者解答、解释、支持、鼓励和提供解决问题的建议，对于缓解情绪的应激反应和干预心理危机能起到及时、明显的效果。

5. 现场咨询　咨询者到某一心理问题较多或较集中的单位进行现场心理指导，或对当事者进行心理干预，常可收到较好效果。

三、心理咨询的过程

心理咨询是一个帮助人适应和发展的过程，即帮助来访者认识自己和改变自己的过程。

由于咨询师的理论、方法背景不同，咨询师的咨询风格不同，决定了咨询的方向、手段和咨询阶段也各有特点。但就共性的方面看，心理咨询过程大致包括四个阶段：

1. 准备阶段　这一阶段的活动通常集中在第一次会谈中进行。在这一阶段，咨询师的主要任务是通过良好咨询关系为来访者提供一个宽松、自由的环境，以达到更多地了解和掌握来访者信息的目的。这一阶段的主要工作有：①了解来访者的基本情况。用较短的时间了解来访者姓名、性别、年龄、籍贯、文化程度、身心基本状况和咨询的主要目的或主要的现实问题等。必要时可进行身体或心理方面的检查，鉴别是否属于咨询工作范畴，以便对需要进行治疗的患者提供转诊的建议。②和来访者一起讨论、协商心理咨询的安排。如咨询次数、每次咨询的时间、下一次咨询的具体时间安排等。③以开放式提问引导来访者诉说。来访者的诉说可以达到两方面的目的，从来访者角度看，可以起到情绪宣泄的作用；从咨询师角度看，可以掌握更多的关于来访者的信息。

2. 探讨问题阶段　这一阶段的工作一般在咨询的中期进行，主要任务是和来访者一起探讨来访者的心理问题，一起讨论应该采取的反应方式。这一阶段采取的主要方法是澄清和确认，即澄清来访者的状态，包括他的认知情况、情感反应特点、行为方式、心理困扰以及心理问题产生的背景，确认其心理问题的性质及其主要原因。这一阶段的主要目标是：①提供安全、自由、宽松的环境，使来访者充分表达、宣泄自己的情感。②引导来访者反思当前的心身状态及导致心理问题的各种原因。③帮助来访者认识自己，使他们确切地了解自己的困难、了解自己的感受。④与来访者讨论确定咨询目标、制订咨询方案。

3. 帮助转变阶段　这是心理咨询的核心环节，主要任务是咨询师根据咨询目标和方案，运用心理学的方法帮助来访者解决心理问题、减轻或消除心理障碍。常采用的方法有支持、解释、分析、指导、认知调整等，必要时还要采用心理治疗技术以解决较严重的心理行为障碍问题。这一阶段的主要工作有：①帮助来访者了解和认识自己，树立克服困难、解决心理问题和心理障碍的信念。②分析、评价现实环境中存在的阻力和动力。③鼓励来访者选择达到目标的方法，并实现从观念到实际行动的转化。④及时评估来访者的变化，帮助他们面对新的困难和阻力，修正努力的方向和进程。

4. 巩固发展阶段　在前几个阶段咨询的基础上，来访者的心理状态得到了一定程度的改善，并对自己的成长发展也有了更高的期望。这一阶段的主要目标是：①巩固前一阶段的成果，鼓励患者将已经学会的经验或应对技巧不断付诸实践。②在对来访者进一步评估的基础上鼓励其向更高的目标发展。

第三节　心理治疗

心理治疗按不同流派分为精神分析治疗、行为治疗、人本治疗和认知治疗等。

一、精神分析疗法

精神分析疗法（psychoanalytic therapy）又称心理动力学治疗，是以精神分析理论为基础，强调揭示患者的潜意识动机冲突，通过自由联想、释梦、移情分析、阻抗分析、宣泄、解释等手段克服动机冲突的影响，从而达到治疗目的的方法。弗洛伊德于19世纪末创立该方法，他比较系统地提出了一系列理论假设和治疗技术并用于临床实践，从而推动了心理治疗的迅速发展。

（一）基本理论

精神分析的基本理论包括潜意识理论、人格动力理论、人格结构理论、人格适应理论、人格发展理论等。

> **知识链接——弗洛伊德及其精神分析理论**
>
> 弗洛伊德（Sigmund Freud，1856—1939年）是奥地利精神科、神经科医生，心理学家，精神分析学派的创始人。1856年5月6日出生于摩拉维亚一个犹太商人家庭，是其父母8个子女中的长子。他4岁时随家人迁居维也纳，17岁考入维也纳大学医学院，1881年获医学博士学位。后开业行医，担任临床神经专科医生，终生从事精神病的临床治疗工作。在探寻精神病病源方面，弗洛伊德抛弃了当时占主流的生理病因说，逐步走向了心理病因说，创立了心理分析学说（psychoanalysis，又译为精神分析），认为精神病起源于心理内部动机的冲突。
>
> 1886年，弗洛伊德与马莎·伯莱斯结婚，育有三男三女，女儿A.弗洛伊德后来也成为著名的心理学家。
>
> 1895年，弗洛伊德与布罗伊尔合著《癔病研究》，开创了精神分析法。认为被意识所压抑的心理过程转换为躯体的症状而表现出来，则称为癔病，可用精神分析的方法治疗。在技术上，他抛弃了古老的催眠术，代之以自由联想，也就是让患者想起什么就说什么，由此发现其隐藏的病因。他分析许多病例后确信，性的问题对神经症的发生起重要作用。他发现梦在精神分析中的重要性，认为"梦中概括了神经症的心理学"。
>
> 在《梦的解析》（1900）一书中，弗洛伊德精辟地分析了梦的机制：在梦中，一件事情被凝缩成别的事情，一个人被另外一个人所置换，梦者的愿望常以乔装打扮的形式来满足。
>
> 1939年9月23日，弗洛伊德卒于伦敦。
>
> 作为一个治疗精神疾病的医生，弗洛伊德创立了一个涉及人类心理结构和功能的学说。他的观点不仅在精神病学，也在艺术创作、教育及政治活动等方面得到广泛的运用。弗洛伊德学说的主要论点已被后人所修正、发展。人们认识到，人类的行为不仅是由性欲所支配，社会、经济因素对人格的形成、教养对本性也都起着作用。虽然弗洛伊德学说一再受到抨击，这丝毫无损于他的形象。他卓绝的学说、治疗技术以及对人类心理隐藏的那一部分的深刻理解，开创了一个全新的心理学研究领域。由他所创立的学说，从根本上改变了对人类本性的看法。

1. **潜意识理论** 弗洛伊德认为人的精神活动分为三个层次：意识—前意识—潜意识，其中意识是个体心理活动的有限外显部分，是与直接感知有关的心理活动部分；前意识是介于意识和潜意识之间的部分，它是可以回忆起来的经验，是可以招回到意识中的那部分经验和记忆；而潜意识是被压抑到意识下面的、无法从记忆中招回的部分，它们通常是被社会的风俗习惯、道德、法律所禁止的内容，包括个人原始的冲动和与本能有关的欲望等。

弗洛伊德认为，潜意识心理历程决定个体行为的真正原因和动机，也决定了神经症或其他精神障碍患者的症状。

2. 人格动力理论　一切心理能量都来自躯体内部的兴奋状态，它寻求表现和寻求紧张释放，这就是本能。人的一切活动都由本能决定。本能分为生的本能和死的本能两种。本能的基本活动过程可用精神投入（cathexis）和反精神投入（anticathexis）来描述。

3. 人格结构理论——本我、自我和超我　弗洛伊德用本我（id）、自我（ego）、超我（superego）三个层次的结构来阐述人的精神世界，其中本我是人格中最原始的、与生俱来的部分，是心理能量的基本源泉。它由先天的本能和欲望所组成，是无意识、无理性的。本我奉行的是"快乐原则"。自我是在现实环境的反复教训下，从本我分化出来的一部分，它是现实化了的本我，是理性的。它奉行"现实原则"。超我是通过家庭、学校和社会教育获得和发展出来的一部分，是人格结构中道德和准则的代表。它奉行"至善原则"。

4. 人格适应理论——焦虑和自我防御机制　焦虑被认为是自我遭遇危险的信号，是自我的一种功能，它促使人们警觉并做出相应的反应。为了控制和改变动机冲突的状况，自我用防御机制来消除焦虑，这就是精神分析理论中心理适应的观点。

自我有两种方式应付本我的威胁：阻挡冲动，使其不表现有意识的行为；干扰本我冲动，使其降低强度或转向他方，这就是防御机制。弗洛伊德列举了很多种防御机制，如压抑、替代、认同、投射、退行、合理化等。

5. 人格发展理论　弗洛伊德认为每个儿童都经历一系列发展阶段，儿童在这些阶段中的经验决定了他成人时的人格特征。心理性欲的发展阶段分为口唇期、肛门期、生殖器期、潜伏期、生殖期。

（二）基本技术

1. 自由联想　鼓励来访者自由地、无拘束地讲话，不要在乎所说是否正确，想到哪里就说到哪里。要来访者打消顾虑，不要有任何隐瞒。特别是那些不想说，或是不好意思说的东西，说出来尤其有意义。

2. 移情　在治疗中来访者倾向于将早期的某些对象与治疗师进行替换，来访者的心理经历被唤醒，但它不属于过去，而是在现时反映至治疗师的身上。移情必须具有两个特点：对过去的重复和与现时的不相适宜。移情的发生是治疗过程中的正常现象，有利于治疗者清楚地认识来访者的心理症结。

3. 阻抗分析　阻抗是对分析的进展、治疗师和分析性方法及过程起反作用的反向力量，即阻碍来访者自由联想、妨碍顿悟、阻碍改变的力量。阻抗可以是意识、前意识和潜意识的，可以用情绪、态度、观念、冲动、想法、幻想或行动的方式得以表达。分析阻抗可以了解来访者的深层动机。

4. 释梦　弗洛伊德认为梦是被压抑到潜意识的愿望的满足。梦分为显梦和隐梦。通过对梦的分析可以了解潜意识欲望。

5. 解释　指分析师对来访者的表达和行为的潜意识意义的推断和结论，是通过治疗师对来访者的说明，来增加来访者关于自己的知识，而这些知识是治疗师从来访者自己的思想、情感、语言和行为中提炼出来的。也就是说，解释是使潜意识的意义、资源、经历、模式和特定心理事件的原因变为意识。

6. 修通　由领悟而导致行为、态度和结构的变化的分析工作就是修通。这包括重复地解释，尤其是对移情性阻抗的解释；重建过去，将来访者和环境中其他重要人物置于活生生的背景下；打破情感和冲动与经验和记忆之间的隔离等。

二、行为疗法

行为疗法（behavior therapy）是继精神分析治疗之后的又一大心理治疗派别。它是根据行为学习及条件反射理论消除或纠正异常行为并建立新的条件反射和行为的治疗方法。行为疗法应用的领域非常广泛，包括发育障碍、精神疾病、神经症、心身疾病、教育、康复治疗、不良行为（口吃、药瘾、酒瘾等）的矫治以及商业、工业和服务业等领域。

（一）基本理论

行为疗法的理论来源主要有三个方面：经典条件反射理论、操作性条件反射理论、社会学习理论。这三种理论的共同点就是学习，所以学习概念是行为疗法的核心。在行为主义者看来，除了遗传和成熟的有限作用外，学习是获得行为和改变行为的主要途径。行为疗法技术实际上是一些获得、消除和改变行为的学习程序。

知识链接——行为疗法的基本理论

1. **经典条件反射**（classical conditioned reflex） 又称巴甫洛夫条件反射。它是以无条件反射为基础而形成的。一个中性刺激通过与无条件刺激配对，最后能引起原来只有无条件刺激才能引起的反应，这就是初级条件反应的形成。在初级条件反应的基础上又可以引起一个新的中性刺激建立次级条件反射。由于人具有概念和语词能力，可以用概念和语词替代任何具体的刺激物，所以人能够以语词建立极其复杂的条件反射系统。

2. **操作性条件反射**（operant conditioning） 是美国心理学家斯金纳（Skinner）于20世纪30年代末发现的另一类型的条件反射，又称工具性条件反射（instrumental conditioning）。在一个后人以他的名字命名的"斯金纳箱"中，安放一个食物盘，放入一只饥饿的鸽子，它在寻找食物时可能偶然啄食红灯的窗户而获得食物，几次偶然的重复之后，鸽子就会主动啄食那个地方。操作性条件反射的实验有力地说明：行为的后果直接影响该行为的增多或减少。根据此原理，有意识地设置一些环境条件，使特定的行为产生特定的后效，就可以人为地控制、塑造行为。

3. **社会学习理论** 由美国心理学家班杜拉提出。他提出了另一种学习形式，称之为观察学习或模仿学习。他认为，学习并不一定要通过直接的强化获得，也可以通过观察和模仿的过程获得。

班杜拉分析了观察学习的过程，指出观察学习包括四个具体过程：注意过程、保持过程、运动再现过程、动机确立过程。

社会学习理论强调学习的作用，认为无论任何行为都可以习得，也可以弃掉。

（二）治疗技术

1. **放松训练**（relaxation training） 是按照一定的练习程序，学习有意识地控制或调节自身的心理生理活动，以达到降低机体唤醒水平和焦虑反应强度的一种训练方法。常用的放松训练主要有：①渐进性放松训练：即让来访者按照一定的顺序如由头面部开始，逐步放松，放松过程依照先紧张后放松的原则来进行。②自主训练：即在指导语的暗示下，随着缓慢的呼吸，从上到下逐步体验沉重、温暖的感觉，以达到全身放松的一种方法。通过放松训练可以使患者产生与焦虑反应相反的生理和心理效果，如心率减慢、外周血流增加、呼吸平缓、神经肌肉松弛以及心境平静。放松训练无禁忌证，老少皆宜，应用广泛。

2. 生物反馈疗法（biofeedback therapy） 是借助一定的仪器设备显示患者的生理变化信息，让患者在认识这些信息的基础上学会有意识地调节、控制自身的生理变化，以达到治疗目的的一种自我调节方法。

3. 系统脱敏（systematic desensitization） 是根据条件反射原理，通过去条件作用而进行治疗的方法。这种方法的关键就是采用深度肌肉放松技术来拮抗条件性焦虑。具体的实施过程是：①放松训练：通常采用渐进性放松训练的方法；②制订等级脱敏表：在确定引起患者焦虑的所有诱因的基础上，按照焦虑的严重程度排成从弱到强的等级顺序表；③脱敏：将等级表上的每一场景与放松训练结合配对，让患者按照从弱到强的顺序对每一场景进行脱敏。

4. 冲击疗法（implosive therapy） 又称满灌疗法（flooding therapy）。是将患者一下子置于引起他强烈焦虑反应的情境中，甚至过分地与惧怕的情况接触。由于惧怕刺激的"泛滥性"的来临，个体面对过分的惧怕刺激，恐怖反应逐步减轻，甚至最终消失。

5. 厌恶疗法（aversion therapy） 是将患者厌恶的刺激（如电击、催吐剂、体罚、厌恶想象等）与他的不良行为相结合，逐渐消退不良行为对患者的吸引力。厌恶疗法常用于治疗酒依赖或药瘾、性欲倒错（如同性恋、恋物癖、窥阴癖等）以及其他冲动性或强迫性行为障碍。应该注意的是，给予患者的厌恶刺激必须要有足够的量，能使患者产生痛苦（尤其是心理上的，而非生理上的），且持续时间较长，否则难以见效。

三、来访者中心疗法

来访者中心疗法（client-center therapy）是在人本主义心理学理论基础上发展起来的心理治疗方法，主要由美国心理学家罗杰斯于20世纪50年代年创立，其特点是强调以来访者为中心，在治疗过程中充分激发来访者的主观能动性，促进来访者重新认识和接受真实的自我，发挥自己的潜能。

（一）来访者中心疗法的基本理论

1. 人性观 罗杰斯对人充满信心，他坚信：人是理性的，能够自主，对自己负责，有正面的人生取向；人有追求美好生活、为美好生活而奋斗的本性；人有潜在的能力足以有效地解决生活中的问题等。

2. 基本假设 人在本质上是可信赖的，人有了解自己以及解决自己困扰的极大潜能，只要提供适宜的环境气氛，建立良好的关系，使来访者体验到那些以前被自己否定和扭曲的感觉，学习接纳自己，增进觉察，就能朝着自我引导的方向成长。

3. 治疗条件 罗杰斯认为，治疗师的态度、治疗关系的性质是治疗过程中的决定性因素。治疗师的态度和治疗关系建立的核心条件主要有三条：真诚一致、无条件的积极关注和共情的理解。

4. 治疗目标 提供一种安全、接纳、信任、尊重的气氛，建立安全与可信任的治疗关系，使来访者能减少防卫，真实地进行自我探索，进而察觉阻碍成长的障碍，从而变得更开放、更能信任自己，也更愿意按照内心标准去生活。

5. 自我理论　罗杰斯认为，人的行为是基于他对自己的看法而定的。其"自我"概念是指对自己心理现象的知觉、理解和评价，是个人意识到的自我。一个人对自己的看法并不一定与实际情况相符。理想自我与真实自我之间的差距可作为衡量一个人心理健康的指标。

（二）来访者中心疗法的基本技术

来访者中心疗法的关键在于提供一种能使来访者自己了解自己的氛围，即创造一种平等、和谐的人际关系。通过治疗力图达到这样的结果：使来访者能够更加坦诚地面对个体的经历，更能接受自我，更少地使用扭曲和否认等防御机制，最后使来访者成为完善的和幸福的人。具体方法是：

1. 建立有利于个体成长的关系　罗杰斯在研究父母与子女的关系时，提出父母对待子女的态度有两种：即有条件积极关注和无条件积极关注。有条件积极关注是指孩子在满足了父母的要求时，父母才对孩子给予关注。无条件积极关注是指无论孩子做什么都会被关注。罗杰斯认为大多数人是在有条件积极关注的环境中长大的，因而会造成环境信息与自我概念的不协调，产生各种心理问题。在无条件积极关注中，孩子知道无论做什么都会被爱，孩子就不需要隐藏那部分可能会引起爱的撤销的自我，会更充分地体验到全部的自我，自由地把错误和弱点都纳入到自我概念中。

罗杰斯建议治疗师应该给予来访者无条件的积极关注，治疗师必须接受并尊重来访者当前的状态，让来访者自如地表达自己的全部思想和感情，包括那些不被社会认可的思想和情感，这样才能使来访者面对被扭曲和否认的经验，回到自我满足和快乐之中。在治疗师所提供的安全氛围中，来访者可以发现自己的错误信息并学会接受自己的错误或弱点。而当来访者认识到存在的问题时，他们就已经开始改变了。

2. 主动倾听　治疗师满腔热情地、认真地听，以辨别来访者的感受，准确听出他们所传递的信息。在倾听过程中要熟练使用各种倾听技巧。主动倾听不仅能使听者真正理解一个人，而且对于倾诉者也有奇特的治疗效果。

3. 真诚地面对来访者　治疗师真诚地面对来访者是来访者中心疗法的最重要的原则。来访者中心疗法中治疗师把来访者视为朋友，促进来访者的信任感，在治疗中来访者则将治疗师视为良好的示范者。治疗师要以诚实的自己的形象出现在治疗关系中，他和来访者一样是平等、自由的关系。真诚，要求治疗师的感情和行为相一致，这是治疗师表达其内心体验的能力。对来访者而言，治疗师对来访者的关系越真诚，治疗师的帮助就越大。

4. 共情的回应　共情的回应是指治疗师对来访者的内心世界有准确的了解，如同感同身受，并将他感受了解到的传达给对方。要达到共情，治疗师必须放下自己的参照标准，设身处地地以来访者的参照标准看待和感受事物，无条件接纳来访者的感情、态度，并且能够通过言语的和非言语的形式表达出自己对来访者的了解。

四、认知疗法

认知疗法（cognitive therapy）是根据认知过程影响情感和行为的理论假设，通过认知和行为技术来改变来访者不良认知的一类心理疗法的总称。它是 20 世纪 70 年代中后期发展起来的一种心理治疗技术。认知疗法不同于行为疗法和精神分析疗法，它更注重来访者当前的认知对其身心的影响，注重来访者的认知方式改变和认知-情感-行为三者的和谐。由于其疗效肯定和研究的科学性而被广泛用于临床各科来访者的心理障碍处理。在行为疗法和精神分析疗法中也借鉴了认知疗法有关的理论与方法，使这两类传统的疗法有了进一步的发展。

因此，有学者认为认知疗法是一座桥梁，沟通了分析性疗法与行为疗法这两大类互为对峙的流派，使心理治疗的方法与技术走向整合变为可能。

（一）认知疗法的基本理论

认知理论的主要观点是：情绪和行为是建立在个体对情境所做的评价基础之上的。而且这些评价受个体的信念、假设、思维方式等认知因素的影响。认知理论提出了 S-C-R 公式，认为在刺激（S）和反应（R）之间存在着意识、经验等因素（C，consciousness）。认知理论强调认知和思维方式对人的行为的影响作用，认为自我挫败行为是来访者不良认知的结果。不良认知是指歪曲的、不合理的、消极的信念或思想，它们往往会导致情绪障碍和非适应性行为。

贝克（Beck）归纳了在认知过程中常见的认知歪曲的 5 种形式：①任意的推断：即在证据缺乏或不充分时便草率地做出结论；②选择性概括：仅根据个别细节而不考虑其他情况便对整个事件做出结论；③过度引申：是指在一事件的基础上做出关于能力、操作或价值的普遍性结论；④夸大或缩小：对客观事件的意义做出歪曲的评价；⑤"全或无"的思维：即要么全对，要么全错，把生活看成非黑即白的单色世界，没有中间色。

认知理论认为每一种心理障碍都有其特殊的认知偏见，而这种特殊的认知偏见又为特殊的行为提供了依据。所以认知疗法就是识别来访者的这种认知偏见，并通过各种方法改变这种认知偏见，进而帮助来访者消除功能失调性活动，同时建立适应性行为方式。

（二）认知疗法的基本技术

认知疗法种类很多，概括起来有四种主要的疗法方法：理性情绪疗法、贝克认知疗法、认知分析疗法和认知行为疗法。这里重点介绍理性情绪疗法和贝克认知疗法技术。

认知疗法的早期倡导者艾利斯（Ellis）于 20 世纪 50 年代末提出理性情绪疗法（rational emotive therapy，RET），他认为人变得伤心、抑郁、焦虑、愤怒是由于错误的理由和对非理性想法的过分依赖。艾利斯将治疗中的有关因素归纳为 A—B—C—D—E，即 A 指诱发事件（activating events），B 指信念（beliefs），C 指由信念产生的结果（consequences），D 指对不合理信念的诘难（disquting），E 指治疗效应（effect）。如某学生自我封闭，拒绝与同学交往（A），她认为同学们觉得她长得丑、瞧不起她（B），因而感到羞愧、痛苦、自卑（C），咨询师对不合理信念的诘难（D）一般采用一系列有针对性的提问，逐步使来访者认识到信念系统是引起情绪或行为反应的直接原因，从而使来访者对不合理信念产生动摇，进而取得疗效（E）。

贝克认知疗法的基本技术有六种：

1. 识别自动性想法（identifying automatic thoughts）　自动性想法是指大多数来访者意识不到的在不愉快情绪之前存在着的那些想法。来访者首先要学会识别这些自动性想法，尤其是识别那些在愤怒、悲观和焦虑等情绪之前出现的特殊想法。心理治疗师可以采用提问、指导来访者想象或角色扮演来发掘和识别自动性想法。

2. 识别认知性错误（identifying cognitive errors）　来访者特别容易犯概念或抽象性错误，而且不同情绪障碍的来访者往往有不同的认知偏见。如抑郁来访者往往采用消极、悲观的方式来看待和处理一切事物；轻躁狂来访者往往过高地评价自我、过高地评价自己的所作所为和未来；偏执状态的来访者则消极地认为他人对自己有偏见、有牵连等。为了识别认知错误，医生应该听取和记录访者诉说的自动性想法以及不同的情景和问题，然后要求来访者归纳出一般规律，找出其共性。

3. 真实性检验（reality testing）　识别认知性错误以后，接着同来访者一起设计严格的真实性检验，即检验并诘难错误概念，这是认知疗法的核心。在治疗中鼓励来访者将其自动性想法作假设看待，并设计一种方法调查、检验这种假设，结果他可能发现，95％以上的调查时间里他的这些消极认知和信念是不符合实际的。

4. 去注意（decentering） 大多数抑郁和焦虑来访者感到他们是人们注意的中心，其一言一行都受到他人的"品头论足"。如某一来访者认为他的服装式样稍有改变，就会引起周围每一个人的注意和非难，治疗中要求他衣着不像以往那样整洁地去沿街散步、跑步，然后要求他记录不良反应发生的次数，结果他发现几乎很少有人会注意他的言行。

5. 监察苦闷或焦虑水平（monitoring distress or anxiety level） 许多来访者往往认为他们的焦虑会一成不变地存在下去，但实际上，焦虑的发生是波动的。焦虑情绪有一个开始、高峰和消退的过程，人们可以根据这一波动特点控制焦虑情绪。因此，鼓励来访者对自己的焦虑水平进行自我检测，促使来访者认识焦虑波动的特点，增强抵抗焦虑的信心，是认知疗法的一项常用手段。

6. 认知自控法（self-control of cognition） 指导或教会来访者在焦虑紧张或恐惧时对自己说"SWAP"。SWAP是"停下来"（stop）、"等一下"（wait）、"专心注意"（absorb）和"向前继续"（proceed）4个英文单词的缩写。

知识链接——森田疗法

森田疗法是日本著名精神医学家森田正马（1874—1938）博士于1920年所创立的、以东方文化为背景的心理治疗方法，主要用于治疗神经症。

森田正马认为神经症的发生与一种人格方面的异常或倾向相关。这种"神经质"倾向者具有内省、敏感、认真、仔细、谨慎、要求完美、循规蹈矩等性格特征和疑病素质基调，他们"生的欲望"与"死的恐怖"都很强，常常主观上要求自己"必须这样"、"应该如此"以解决身心变化，也常常把一过性的躯体不适或普遍存在的心身现象当成异常去极力防卫，将注意力过度集中于不适上，从而导致感觉增敏，形成所谓"精神交互作用"，使症状发展并固结下来。鉴于此，森田正马创立了一种以"顺应自然，为所当为"为原则的治疗方法。

森田正马认为，情绪反应、躯体不适并非通过自己的主观意志所能马上克服的，只有坦然地面对和接受，并将精力投放到外部世界，带着症状去工作、去追求美好的生活目标，才能打破"思想矛盾"，阻断"精神交互作用"的困扰，从而恢复心身健康。

森田疗法分为住院式与门诊式两种。住院式森田疗法可分为绝对卧床期、轻作业期、重作业期和社会康复期四个阶段，共约40天在家庭式的环境中进行住院治疗。相对于严谨的住院式森田疗法而言，门诊式森田疗法不够规范化，但只要掌握好"治疗原理"和"治疗目标"，门诊开展森田疗法有更大的发展前景。

森田疗法的适应证可以从两个方面综合考虑：①典型个性特征：内省、刻板、固执、敏感、仔细、要求完美；②病种：强迫症、疑病症、焦虑症、恐怖症、神经衰弱等。同时符合上述两项者称得上最佳适应证。

本章小结

1. 心理咨询是指心理咨询师协助求助者解决心理问题的过程。
2. 心理治疗是指心理治疗师对求助者各类心理与行为问题进行矫治的过程。
3. 心理咨询与心理治疗的原则包括：发展性原则、客观中立原则、关系限定原则、保密原则、时间限定原则、尊重来访者原则。
4. 会谈技巧包括非言语技巧、倾听技巧和影响技巧。
5. 心理咨询的过程大致包括四个阶段：准备阶段、探讨问题阶段、帮助转变阶段和巩固发展阶段。
6. 精神分析疗法又称心理动力学治疗，是以精神分析理论为基础，强调揭示患者的潜意识动机冲突，通过自由联想、释梦、移情分析、阻抗分析、宣泄、解释等手段克服动机冲突的影响，从而达到治疗目的的方法。精神分析理论包括潜意识理论、人格结构理论、人格动力理论、人格发展理论、人格适应理论等。
7. 行为疗法是根据行为学习及条件反射理论消除或纠正异常行为并建立新的条件反射和行为的治疗方法。行为疗法的理论来源主要有三个方面：经典条件反射理论、操作性条件反射理论、社会学习理论。其治疗技术包括：放松训练、生物反馈疗法、系统脱敏、冲击疗法、厌恶疗法等。
8. 来访者中心疗法强调调动来访者的主观能动性，发掘其潜能，更多地倾听、接纳与理解，即以人为本的心理治疗。
9. 认知疗法是根据认知过程影响情感和行为的理论假设，通过认知和行为技术来改变患者不良认知的一类心理治疗方法的总称。认知疗法注重患者当前的认知对其身心的影响，注重患者的认知方式改变和认知-情感-行为三者的和谐。

自测题

一、单项选择题

1. 精神分析学派的创始人是
   A. 罗杰斯   B. 弗洛伊德   C. 冯特   D. 斯金纳
2. 来访者中心疗法的创立者是
   A. 弗洛伊德   B. 华生   C. 卡特尔   D. 罗杰斯
3. 下列哪项不属于精神分析技术
   A. 释梦   B. 见诸行动   C. 自由联想   D. 共情
4. 下列哪项不属于会谈中的倾听技巧
   A. 解释   B. 开放式提问   C. 内容反应   D. 情感反应
5. 行为疗法的基本理论不包括
   A. 经典条件反射理论   B. 操作性条件反射理论
   C. 社会学习理论   D. 本能反射
6. 下列哪项不属于会谈中的影响技巧
   A. 解释   B. 封闭式提问   C. 指导   D. 自我暴露

二、填空题

1. 心理咨询过程实际上是人际影响的过程，_____决定了咨询工作的成败。
2. 精神分析理论包括潜意识理论、_____、_____、_____和人格适应理论等。

三、名词解释

1. 心理咨询　2. 心理治疗　3. 认知疗法

四、简述题

1. 简述心理咨询与心理治疗的区别。
2. 简述心理咨询与心理治疗的原则。

（湖南环境生物职业技术学院　褚梅林）

第九章 心理护理

> **学习目标**
> 1. 掌握心理护理的概念、原则,患者角色的概念及患者角色的转化。
> 2. 熟悉心理护理的目标和主要程序、基本方法,患者的心理需要。
> 3. 了解不同疾病患者的心理护理,心理护理与整体护理的关系。

心理护理是整体护理的重要内容,整体护理是以护理对象为中心,为其提供生理、心理、社会、文化等全方位的护理。因此,护士学习并掌握心理护理的有关理论和应用技术是有效开展心理护理、实现现代护理模式的重要前提和关键所在。

第一节 概 述

一、心理护理的概念与特点

(一)心理护理的概念

心理护理(mental nursing)是以心理学的理论为指导,以良好的人际关系为基础,运用心理学的方法,积极影响和改变服务对象不良的心理状态和行为,促进其康复或维护健康的手段和方法。

(二)心理护理的特点

1. **心身统一性** 人具有生物性和社会性,人是心理与生理的复合体,现代医学模式的发展,使人们越来越重视心理因素、社会因素、文化因素对人类健康和疾病的影响。从护理学角度讲,心理护理与生理护理是相互结合、相互依存又相互影响的。

2. **社会性** 心理护理也受社会因素的影响。因为社会因素可以通过多种渠道作用于患者的心理,改变患者的情绪,从而影响病情,所以心理护理要关心患者的社会因素的变化。

3. **共性与个性** 人生总是要经历生老病死的过程,面对疾病与健康的矛盾,接受衰老与死亡的现实,因而会出现一些共同的心理需要与心理反应。但由于每个人的出生背景、成长经历、个人阅历、所受教育、个性特征的不同,所表现出来的需要与反应又有着明显的个体差异性。

4. **广泛性与连续性** 心理护理的服务范围非常大,涉及全社会各类人群。患者的病情各异,个性不同、文化不同、家庭背景不同,心理障碍也不一样,这就决定了心理护理的广泛性。心理护理并不是单一的过程,而是一个在心理护理目标、方法、时间、技巧方面都具有连续性的护理活动。

5. **技术无止境性** 心理护理的内容十分丰富,随着社会的发展,科学技术水平和人的需求层次的提高,需要护理工作者在心理学、伦理学、社会学及心理治疗和心理卫生等多方面不断积累知识与技能,才能更好地做好心理护理工作。

二、心理护理目标

心理护理的实施者在心理护理的过程中,通过积极的语言、态度、表情、动作、行为等影响患者,促使患者的康复或病情的好转。具体目标如下:

1. **满足患者的合理需求** 了解和分析患者的不同需要,采取措施满足患者的合理需要,是心理护理应达到的首要目标。

2. **提供良好的护理环境** 环境可以影响患者的情绪,创造一个有利于患者康复的心理与物理环境是做好心理护理的前提。

3. **消除不良的情绪反应** 及时发现患者的消极情绪,及早地采取积极、有效的护理措施进行心理干预,最大限度地减少患者负性情绪的发生,是做好心理护理的关键。

4. **提高患者的适应能力** 协助患者适应社会角色和生活环境的改变,充分调动患者的主观能动性,是心理护理的最终目标。

三、心理护理原则

心理护理的原则即在心理护理实践过程中必须遵循的指导性原则,具体如下:

1. **针对性原则** 心理护理没有一个固定的模式,不同的患者因年龄、性别、心理特征、文化素养或病情不同,其心理状态也不同。应根据每个患者在疾病不同阶段所出现的不同心理状态,分别有针对性地采取各种对策。

2. **交往性原则** 心理护理是在护士与患者人际交往过程中进行的,在交往中护士是中心人物,应起主导作用,通过交往可以交流情感,满足需要,沟通思想,协调关系,使护患双方相互了解,有利于护士为患者提供更好的技术服务与生活服务,帮助患者保持良好的心理状态。

3. **启迪性原则** 心理护理过程中护士作为心理护理的主导一方,必须对患者身心康复给予启迪,从而消除患者的不良情绪及其对疾病的错误观念和认识,使患者对疾病、对待治疗的态度由被动变为主动。

4. **自我护理原则** 心理护理中患者是主体,良好的自我护理被认为是心理健康的表现。护士应给予患者更多的温暖与关爱,从而增强其战胜疾病的信心。但照顾和支持并不是完全替代,坚持自理和争取自理权的患者满足了自我实现的需要。研究表明,那些能够坚持自我护理的患者,比那些由护士代劳的患者恢复要快得多。因此,在心理护理的过程中,医护人员应引导患者正确领会护理意图,促使患者主动做好自我护理。

四、心理护理程序

任何护理活动都包含有心理护理的内容,心理护理是整体护理不可分割的有机组成部分,心理护理和躯体护理是无法截然分开的。心理护理的程序包括评估→计划→实施→评价四个阶段。现简述如下:

(一)心理护理评估

心理护理评估是心理护理程序的第一步,包括心理资料的收集、整理与分析。信息来源于护理对象、家属、医生、实验室或其他检查结果。资料收集的是否完整与准确直接关系到整个心理护理计划的正确性与合理性。

心理护理诊断是评估的结果,也是心理护理干预的依据。

反映患者心理社会问题的护理诊断有：①交换方面：感知性便秘；②沟通方面：语言沟通障碍；③关系方面：适应障碍、社交障碍、社交孤立、有孤立的危险、角色紊乱、父母不称职、潜在父母不称职、父母角色冲突、照顾者角色障碍、有照顾者角色障碍的危险、家庭作用改变、性功能障碍、性生活型态改变；④赋予价值方面：精神困扰；⑤选择方面：个人应对无效、调节障碍、防卫性应对、防卫性否认、危害性家庭应对无效、妥协性家庭应对无效、社区应对无效、抉择冲突、寻求健康行为；⑥活动方面：睡眠型态紊乱、母乳喂养无效；⑦感知方面：自我形象紊乱、自尊紊乱、长期自我贬低、条件性自我贬低、自我认同紊乱、感知改变、绝望、无能为力；⑧认识方面：知识缺乏、定向力障碍、记忆障碍、思维过程改变；⑨感觉方面：疼痛、功能障碍性悲哀、预感性悲哀、有自伤的危险、潜在性暴力行为、创伤后反应、强暴创伤综合征、焦虑、恐惧。

（二）心理护理计划

心理护理计划是根据心理护理诊断制订的干预措施。首先针对心理护理诊断确定心理护理目标，在此基础上提出解决患者心理问题的具体措施，这是应用心理学知识与技术解决具体问题的关键步骤。

（三）实施心理护理计划

按计划进行心理护理干预是将心理护理计划付诸行动的过程。除正确执行计划之外，心理护理的技术或技巧的应用对目标的实现也起着重要作用。因此，心理护理计划要设置符合个体心理健康状态的可操作、可测量目标，并要有定时的、有理论根据的心理干预。建立良好的护患关系，争取患者社会支持系统的支持与合作，为患者创造安全舒适的环境，寓心理护理于基础护理之中，适时进行心理治疗，确定实施心理护理的总体原则。

（四）心理护理评价

包括患者的主观体验和患者身心康复的客观指标。评价的目的在于了解经过一系列有计划地实施心理护理后，患者心理状况有何变化，已经达到哪些护理目标，解决了哪些问题，对那些未达到的目标和未解决的问题，按预期结果将其作为信息反馈于新的心理护理程序之中，直至目标达成。

第二节　患者的心理

在人的一生中，常会遇到各种痛苦和不幸，其中不可回避的一件事情就是疾病。一个人患病了，不仅有发热、疼痛、咳嗽等躯体不适感，还往往伴随有紧张、焦虑、恐惧等心理体验，甚至会不同程度地影响到一个人的社会角色和社会行为。研究患者的心理问题及其心理需要，对如何做好患者的心理护理，促进疾病的治疗和患者的康复都有重要意义。

一、患者角色与患者角色的转化

角色（role）属社会学概念，指个体在一定社会结构或社会制度中占有的适当位置，并被规定了相应的行为模式。每个人在社会生活中都有相应的社会角色，而且扮演着多种不同的角色，每一种社会角色都要遵循社会对这种角色的规定，同时，每一种角色还享有一定的社会权利和必须承担的义务。

患者角色，又称患者身份，指被医生和社会确认的患病者应具有的心理活动和行为模式。患者角色的获得和公认，取决于医疗部门及医务人员的诊断。一旦进入患者角色，也就有了患者身份。患者角色的相应的权利和义务就从常态的社会人群中分离出来。尽管人的职业、地位、信仰、生活习惯、文化程度各异,所患疾病也不尽相同,但患者角色相同,人们期待他有与患者角色相应的心理和行为。

(一)患者角色的权利

1. 享有平等的医疗、护理服务的权利。
2. 享有被尊重、被了解的权利。
3. 享有对疾病诊疗方案的知情同意及拒绝的权利。
4. 享有免除一定社会责任和义务的权利。
5. 享有要求保守个人隐私和秘密的权利。
6. 享有监督自己医护权益实现的权利。

(二)患者角色的义务

1. 患者应及时就医,争取尽早康复。
2. 患者要寻求有效和可靠的医护帮助,遵守医嘱。
3. 有义务遵守医院的各项规章制度,支付医药费用。
4. 有义务配合诊疗、护理工作的顺利进行。

(三)患者角色的转化

角色转变(transition of role)是指个体承担并发展一个新角色的过程。患者角色具有社会特殊性,人们期望患者的言行完全符合患者角色的要求,但在现实生活中,影响患者角色转变的因素很多,就是说,有的患者在从一般角色进入患者角色的过程,或从患者角色返回到一般社会角色过程中,都有一个角色适应过程。如果适应不良,往往会出现许多心理和行为上的改变。患者角色的适应不良可分为以下几种类型:

1. **角色行为强化** 是指患者出现心理反应过度的角色行为表现。特点是患者安心于现在患者的角色,不愿意承担正常的社会角色,保持患者的现状。表现为患者的依赖性增强和自信心减弱,对自己的能力表示怀疑,感到恐惧不安,过度要求别人照顾,或感觉病情严重程度超过实际情况,"安于"患者角色的现状,不愿重返原来的生活环境。

> **知识链接——患者角色强化**
>
> 患者女性,因反复四肢关节疼痛3年而到某基层医院就诊,被医生诊断为患类风湿性关节炎。给予抗炎抗风湿治疗3个月病情明显好转,医生告诉她,她的病基本恢复,可以出院回家进一步疗养,但被患者拒绝了,并要求转上级医院。医生认为她不符合转诊条件,不同意转诊。该患者痛哭流涕,以"病情加重、四肢残废而要医生负责"为由威胁医生,后经医生和单位领导做通思想工作后才办出院手续。

2. **角色行为缺如** 即患者未能进入角色。虽然医生诊断其为有病,但患者本人未意识到自己的疾病或疾病的严重程度,或由于其他原因不愿意识到自己是患者。特点是由于对疾病的认识不足或持否认态度,拒绝就医,常勉强承担正常的社会角色,其结果往往病情加重。

> **知识链接——患者角色缺如**
>
> 患者女性，28岁，诊断：妊娠28周，妊娠高血压综合征。医生要求其住院治疗。由于担心住院后自己的主管职位会被别人代替，患者拒绝住院治疗。在竞争激烈的商品社会，承认患病就意味着贬低自身价值。从人的个性特点看，那些自信心强、认为有能力把握自己的人不愿扮演患者角色。有时疾病将影响到就业、入学或婚姻等问题时，使患者处在某种现实矛盾中不愿承担患者角色。

3. 角色行为减退　已进入角色的患者，由于更强烈的情感需要等因素的影响，不顾自身病情需要，放弃患者角色，过早地承担起社会常态角色。特点是患者不顾病情，过早从事力所不及的活动，忽视了自身的患者角色，从而影响疾病的治疗和康复。

> **知识链接——患者角色减退**
>
> 一位患高血压病住院治疗的老先生，得知患癌症的老伴想吃水果，于是就悄悄跑出医院买苹果送到家中，结果因劳累使病情加重。这就是丈夫角色冲击了患者角色，造成患者角色减退的表现。

4. 角色行为冲突　同一个体常常承担着多种社会角色。患者在角色转换中，不愿或不能放弃原有的角色行为，与患者角色行为发生心理冲突。患者表现为焦虑、烦躁不安甚至痛苦，从而使病情加重。患者多因工作繁忙不能安心治疗，或不能放弃家庭责任而影响治疗等。另外，还因长期担当某种社会角色形成行为习惯，患病意味着要从正常的社会角色向患者角色转化。患者行为角色冲突多见于承担较多社会和家庭责任，而且责任心和事业心较强的人。

> **知识链接——患者角色冲突**
>
> 某患者，女，30岁，因惦记自己家中年幼的孩子而不能安静地住院，造成母亲角色和患者角色的冲突。

5. 角色行为异常　患者受病痛折磨，感到悲观、失望等不良心境的影响导致行为异常，表现为对医务人员的攻击性言行，病态固执、抑郁、厌世，以致自杀等。

医务人员应关注患者的角色适应不良现象：一方面要避免自身的言行对患者角色转变可能产生的消极影响，另一方面要注意创造条件促使患者恰当地进入患者角色，随着疾病的好转，又要使患者渐渐摆脱这种角色，逐步地恢复应当承担的社会义务。

二、患者的心理需要

医护人员比较熟悉患者的一般需要,患者进入患者角色后,既具有正常人的一般需要,又产生了与疾病有关的各种心理需要和心理问题,要系统接受医护人员的诊治和护理,同时在社会中角色转换,医护人员对患者的各种需要不能忽略。因此,了解患者的需要和心理问题是医护人员的一项基本技能。

1. **需要尊重** 患者患病后,自我评价往往较低,担心自己被别人轻视,因此自尊心格外容易受到伤害。患者渴望得到他人和医务人员及社会的理解和重视,特别希望重视自己,从而获得较好的诊治及护理。不同社会角色的患者常有意或无意地透露和显示自己的身份,以示自己的重要性,希望得到医务人员对他们的特殊照顾。地位一般而又不善交际的人,则希望得到一视同仁的关照。尊重的需要若不能得到满足,会使人产生自卑、无助感,甚至变为不满和愤怒。因此,医务人员必须以主动热情的态度关心和尊重患者。注意保护患者的隐私,减少暴露,不能以床号代替姓名呼唤患者。鼓励患者主动参与疾病的护理和治疗。只有满足患者被尊重的需要,才有利于患者的疾病康复。

2. **需要关心和爱护** 患者入院后,改变了原来的生活规律和习惯,进入到一个陌生的环境,患者感到孤独、无依靠,归属感更为强化,因此患者需要尽快地熟悉新环境,被新的群体所接纳。医务人员应注意协调病友之间的人际沟通,如耐心地给患者介绍病室的环境、作息制度等,使患者尽快融入团结、互助的群体之中,有利于患者处于积极的心理状态,从而安心养病,接受治疗。

3. **需要提供信息** 患者入院后在适应新的环境中需要大量的信息。首先,需要了解住院的生活制度、诊疗程序,自己所患疾病的性质、进展及预后、医药费开支以及如何配合治疗等。其次,需要及时得到家人的生活、工作等方面的信息。同时,还需要得到单位领导和同事的工作及事业等方面的信息。总之,患者需要得到来自医院、社会及家庭的信息刺激和情感支持。所以,护理人员应充分理解,及时与患者沟通,传递必要的信息,为患者顺利治疗打下基础。

4. **需要和谐的环境、适当的活动与刺激** 住院患者被束缚在病房这个窄小单调的环境中,往往会产生单调乏味感。患者可能会由入院初的茫然感发展为厌烦情绪,觉得无事可做,加之疾病的折磨,更感到度日如年。因此,患者需要生活在一个和谐的环境里,不仅需要安静舒适的医院生活,同时还需要适当的活动与刺激,以调节和改善自己的情绪。医务人员可根据患者的具体情况进行心理护理并根据医院的客观条件,安排适当的活动,以调动患者的积极性。

5. **需要安全感和早日康复** 安全感和早日康复是每个患者求医的最终目的。在患病期间,由于环境、舒适感的改变,安全感会降低,患者希望得到可靠、确切、安全的治疗而又减少痛苦,生命不再受到威胁,还担心会发生医疗事故。因此,护理人员应做好入院宣教,对患者进行任何重要的、新的诊疗措施时,应事先进行耐心、细致的解释说明,以增强患者的安全感。同时,在诊治和护理过程中要认真负责,熟练操作,杜绝差错事故的发生,从而使患者积极主动配合治疗,促进早日康复。

三、不同患者的心理护理

（一）门诊患者的心理护理

1. **主动热情接待患者** 初诊患者由于对医院的环境不熟悉，对所患疾病不了解，如何挂号、挂哪一个专科号的问题往往使患者手足无措。护理人员应主动向患者介绍就诊的程序，理解患者的需求，给予患者及时的指导和帮助，让患者顺利地挂号和就诊。

2. **耐心细致地进行分诊** 患者的共同心理是希望尽快就医，护理人员应充分理解患者的心情，主动询问患者来诊的目的及症状，密切观察候诊患者的病情，分清轻重缓急，对年老体弱的患者优先安排就诊。复诊患者应尽量安排原经治医师诊治，以保证治疗的连贯性。疑难杂症应安排经验丰富的医生诊治。告诉患者要耐心地等候，减轻患者的焦虑、急躁情绪，使候诊患者有秩序地入室就诊。

3. **做好疾病相关知识的宣教** 患者经医生诊治后，门诊护士应上前主动询问患者的诊断，及时介绍该病的相关知识，如发病原因、主要临床表现、治疗原则、饮食、休息等方面的注意事项，耐心向患者解释所作检查的目的，如何配合检查，所用药物的作用、不良反应，用药的注意事项，疾病的基本疗程及预防知识、复诊的时间等。

4. **创造优美、方便的就医环境** 门诊部人群流动量大、嘈杂，应设立咨询服务台，保持候诊室安静、整洁，各诊室标志清楚，护理人员注意维持良好的就诊秩序等。

5. **态度和蔼，尊重、同情、关心患者。**

（二）急性病患者的心理护理

1. **针对负性情绪** 心理护理首要的工作任务是稳定患者的情绪。首先，医务人员应有条不紊地进行抢救和护理工作。其次，针对患者的焦虑、恐惧、愤怒，医务人员可以用简单的心理安慰、适当的保证，来减轻患者初期的恐惧心理，以使其尽快适应环境；理解其过激行为，以恰当的言行稳定患者的情绪，增加患者的安全感和对护士的信任感；遵守保护性医疗制度，如不当面与患者说"病情太重"之类的话，要求家属在患者面前保持镇定，尽量不在患者面前流露悲伤情绪，以免增加患者的心理负担；鼓励患者合理宣泄，向护士或亲友倾诉烦恼，以缓解心理压力，稳定情绪。

2. **针对否认** 对患者短期的否认护士可不予纠正。但如果患者持续存在否认，则应引起注意。医务人员应耐心解释，鼓励患者接受患病事实，树立战胜疾病的信心。

3. **针对依赖** 患者习惯了在监护室的环境，可对护士、亲友和同事的特别照顾产生依赖性。依赖一方面有助于患者的遵医行为，有利于其早日康复。但过度依赖不利于调动患者的主观能动性，有碍疾病好转。对此，护士要帮助患者形成明确、有积极意义、可实现的目标，使其从实现目标中获得自信和成就感，逐步摆脱依赖。

（三）慢性病患者的心理护理

慢性病一般指由生物、心理、社会等多种因素综合致病，病因复杂、起病缓慢、病程较长，或由急性病转为慢性过程的疾病。

1. **支持性心理护理** 对慢性病患者的心理护理必须紧紧围绕慢性疾病病程长、见效慢、易反复发作等特点，调节情绪、变换心境、安慰鼓励，使之不断振奋精神，顽强地与疾病作斗争。心理护理应当与生理护理结合进行，做到身心互相促进。

2. **积极开展心理治疗** 劝解慢性病患者接受疾病存在的现实，鼓励患者通过锻炼来改善自己的适应能力，激发其奋发向上的斗志，争取达到最佳状态；亦可采用奖励法、自我调整法及生物反馈疗法，鼓励患者逐步摆脱"患者身份"，改变不良的生理状态与心理状态，尽快康复。

3. 鼓励患者积极治疗原发病，根据实际情况加强功能锻炼，使患者最大程度地恢复身体各项功能。

（四）手术患者的心理护理

术前患者心理护理应根据患者术前的心理反应、应对方式、病情和手术性质等灵活地实施。耐心与患者交谈，了解其心理问题，取得患者的信任；为其提供手术的相关信息。详细介绍病情，阐明手术的重要性及必要性，尤其就手术安全性要做一定的肯定或承诺。帮助患者学会放松练习、分散注意法、深呼吸等行为控制技术，以减轻患者术前紧张与焦虑。告之术后康复锻炼的具体要求，为术后生活做好心理准备。发挥社会资源的作用：手术前安排与手术成功的患者同住一室，安排家属及时探视，引导同事和朋友的安慰和鼓励，减轻患者的术前焦虑，增强战胜疾病的信心。

手术后患者麻醉清醒后，做好保护性医疗措施。立即告之手术的有利信息，并给予安慰和鼓励，以减轻其心理压力。及时减轻患者疼痛，根据患者手术情况实施针对性的心理护理。做好术后康复指导，讲明术后及时下床活动和功能锻炼的好处，调动患者主观能动性，减少并发症以促进疾病早日痊愈。

（五）传染病患者的心理护理

1. 科学认识传染病　　医务人员应理解传染病患者的心理反应及其情绪变化规律，向患者及其亲朋好友解释所患传染病致病源的性质、传播途径和预防措施。指导患者以科学的态度认识传染病的危害性及隔离的意义，使其自觉遵守隔离制度，逐渐适应暂时被隔离的生活，积极配合治疗，争取早日康复。

2. 创造良好探视条件　　因为传染病患者只能在规定探视时间和亲友会面，护士应尽量创造良好的探视条件，如电视探视，适当增加探视次数，不要随意中断患者与探视者的交谈等，尽可能满足患者的需要，消除有碍于疾病好转和康复的消极情绪和不必要的顾虑。

3. 树立信心、战胜疾病　　某些传染病根治较困难，病程较长，并有难以治愈的后遗症。因此，这类患者容易悲观、失望、敏感、多疑，他们变得格外关注自己，往往主观地揣度别人对自己和疾病的看法，十分焦急地收集与己有关的信息。医务人员应根据这些特征劝慰患者"既来之，则安之"，积极配合治疗，密切护患关系，使隔离患者感到护士是自己精神上可靠的支柱，增强战胜疾病的信心。

4. 预防心理创伤　　护士还必须注意在患者面前不能有丝毫怕传染的言语、表情和行为，防止患者因被隔离而产生过度焦虑，造成不良的心理创伤。

（六）**恶性肿瘤患者的心理护理**

1. 科学认识，保持良好心态　　护士应加强对恶性肿瘤科普知识的宣教，向患者讲解有关医学知识，使其认识到虽然恶性肿瘤是一种严重威胁人类健康的疾病，但只要早期发现，及时治疗，积极配合，保持良好的心理状态，树立信心，癌症是可以治疗的，即使不能痊愈，也可延长寿命。对有"疑癌"心理的患者，则早期开展此项工作效果更佳。请痊愈的恶性肿瘤患者"现身说法"也可获得显著效果。

2. 面对现实，正确履行告知　　护士应根据患者的人格特征、适应能力、病情轻重、病程及对恶性肿瘤的认识等，慎重地决定是否告知患者真相以及告知的方法和时间。在告知前，护士应为患者做好充分的心理调整和准备，纠正患者对恶性肿瘤的不正确认识，并选择好适当的时机和行之有效的方法，审时度势地告知患者真相。

3. 引导患者，恰当应用心理防卫机制 恶性肿瘤对患者是极大的挫折，可使患者身心均受到严重损害，甚至出现"确诊消息→情绪应激（悲愤、恐惧、焦虑、抑郁）→免疫能力下降→病情加重→情绪更加消极"的恶性循环。护士可采用心理支持疗法，引导患者恰当使用心理防卫机制，根据患者具体情况运用解释、疏导、安慰、鼓励、保证、耐心的倾听、亲切的交谈等手段，使患者获得信心和希望，缓解患者心理压力和紧张情绪。这些方法具有支持和宣泄的双重治疗作用。这种心理支持应该无条件地给予，因为所有患者都需要。

4. 加强护理，做好心理和物质准备 恶性肿瘤的治疗方法多为手术、化疗和放疗等方法，有较严重的创伤性和毒副作用，给患者带来极大的痛苦。因此，治疗前护士应指导患者做好心理和物质准备，正确介绍手术、化疗、放疗的作用、意义和可能的并发症，使患者树立坚持治疗，忍耐毒副作用，战胜疾病的信念。允许患者试用无损正常治疗和病情的支持疗法，如中药疗法、音乐疗法、气功、静默、想象疗法等以获得慰藉。根据治疗方法做好物质准备，如有脱发者可备假发，有恶心、呕吐者备好缓解药物等。

（七）疼痛患者的心理护理

疼痛是许多疾病的常见临床症状，也是人们求医的常见原因。对于疼痛患者，首先要查明其疼痛的原因，采取适当措施来消除疼痛。躯体损害所致疼痛，即所谓器质性疼痛，处理重点在于治疗躯体病变，各种止痛剂均有缓解疼痛之效。关于心理因素引起的疼痛，临床可采用以下方法进行心理治疗与心理护理：

1. 解释与支持 应耐心倾听患者关于疼痛的主诉，同情关心患者，充分理解患者，给他们倾诉的机会并做出针对性处理。应该相信患者对疼痛的陈述，理解和关心患者的痛苦，允许他们呻吟。在充分信任、接受的基础上，向患者解释疼痛的原因及规律性，以减轻疼痛患者的焦虑、恐惧、抑郁情绪。可采用自我意志法、分心法、语言劝慰法、行动转移法、释放压抑情绪法和自我调控法等，改变其消极情绪状态，从而使疼痛减缓。

2. 转移注意力 转移注意力可使疼痛处于抑制状态，使痛感明显减轻，如有经验的护士给患者打针常边攀谈边进针；医疗性体操、旋转运动和按摩等，不仅能够转移对疼痛的注意力，缓解疼痛，而且能够帮助患者藐视疼痛，树立生活信心，对疼痛患者具有积极意义。同时，灵活配合心理疗法，尽量减少止痛药物用量，即使在用药时也应尽量用明确坚定的语言对患者施加暗示影响，或转移对疼痛的注意力，以增强镇痛效果。对急性患者尤应重视，注意严密观察，以免延误病情。

3. 生物反馈疗法和松弛疗法 疼痛患者常伴有明显的心情和情绪的紧张，用生物反馈疗法和松弛疗法可减轻疼痛。常用的松弛疗法有调息法、气功、肌肉顺序收缩松弛法、白日梦等；生物反馈疗法是一种自我放松训练疗法，可治疗心理生理性疼痛，如紧张性疼痛、偏头痛等。

4. 行为疗法 疼痛行为可以通过学习发生，也可以通过学习来矫正。如无痛分娩，常用形象生动的宣传教育，使产妇分娩前充分了解生殖器官的结构与功能，胎儿在子宫中正常的位置，分娩过程中子宫的收缩，胎儿的推进以及产道相应的变化等，使产妇事先做好充分的心理准备，同时也排除了"分娩疼痛"的观念。这样往往可减轻分娩疼痛，以致不出现疼痛。

5. 暗示 疾病带给患者的痛苦、医院环境、疾病性质的消极自我暗示和患者间的相互暗示，都可对患者的痛阈和耐受性等产生特殊的影响，所以用积极的暗示可治疗或缓解疼痛。如安慰剂的使用，有时可有效地缓解疼痛。某些医生的权威作用可明显增加疗效也是暗示的作用。

6. 功能训练与配合用药　疼痛患者常因疼痛而减少体力活动，使机体功能衰退，要鼓励患者活动，进行功能训练。对持续疼痛患者，镇痛和镇静药的给予应有规律，最好在患者参与下订出给药时间，按时给药。对临终患者的剧烈疼痛，应不受使用成瘾药的限制，尽量使患者保持舒适和安静。

（八）临终患者的心理护理

临终患者所面对的主要问题是死亡及与死亡有关的事务。死亡虽然是人生不可避免的，但一个人在得知自己将不久于人世，面对死亡都会有求生的欲望，会有种种的心理反应。美国医学博士 Kubler-Ross 通过多年的临床观察，认为大多数人在面对死亡时，都会经历 5 个类似的心理反应阶段：否认期、愤怒期、妥协期、抑郁期和接受期。在不同的阶段，患者有不同的心理需要。护理人员在面对临终患者时，要根据患者所处的不同阶段，给予相应的心理护理，协助患者走向人生的终点。

1. 否认期　护理人员的态度应真诚、忠实，不要揭穿患者的防卫机制，也不要欺骗患者，应坦诚、温和地回答患者对病情的询问，协助患者逐渐适应和接受即将死亡的现实。而且应注意医护人员对患者病情的言语一致性，同时劝说家属不可当着患者面表现出难过，彼此心照不宣地使患者得到心理上的满足。

2. 愤怒期　愤怒是患者面对残酷命运，感到绝望、无助、自怜又无能为力时的表现。患者的怒气并非是针对家属和医务人员的。此时，护理人员应当谅解宽容患者，真诚相待，理解患者的内心痛苦，尽可能满足患者的各种要求。不能因为患者"事多"而表现出厌烦情绪，否则患者会感到更加绝望和孤独。说服家属不要计较和难过，并与医护人员合作，帮助患者度过愤怒期。

3. 妥协期　这一时期的患者对治疗是积极配合的，护理人员应多关心患者，安慰患者，尽量满足患者的要求，采取有效措施减轻患者的疼痛，尽可能缓解症状，使患者身心感到相对舒适。医务人员应当充分利用这段时间，调动患者的主观能动性，采取各种措施，延长患者的生存时间。

4. 抑郁期　护士要同情患者，尽量满足患者的需求，告诉家属要控制情感，不要再增加患者的悲痛。也不必试图使患者高兴起来。试图使患者高兴是家属的希望而不是患者的愿望。患者有权利表达自己的悲哀。要让患者有机会表达出自己的情绪。当患者谈及死亡等内容时，家属和医护人员应当耐心倾听，给予及时而准确的回应，使患者感到被接纳。如果家属和医护人员不能理解和体会患者的心理要求，有意无意地回避谈论死亡问题，就会使患者感到自己的情感不被他人所接受，感到孤独和疏远，从而关闭了情感交流的通道。这样做不利于患者顺利度过抑郁期。

5. 接受期　在这一阶段，护理人员应尊重患者，不要强迫与其交谈，为患者创造一个安静、舒适的环境。除了满足患者的基本生理需要外，还应当继续保持与患者的交往，协助患者达到各种愿望，使患者安详、平静地走完人生旅途。

本章小结

1. 心理护理是以心理学的理论为指导,以良好的人际关系为基础,运用心理学的方法,积极影响和改变服务对象不良的心理状态和行为,促进其康复或维护健康的手段和方法。

2. 心理护理的目标是满足患者的合理需求,提供良好的护理环境,消除不良的情绪反应,提高患者的适应能力。

3. 心理护理原则包括针对性原则、交往性原则、启迪性原则、自我护理的原则。

4. 心理护理的程序是评估→计划→实施→评价四个阶段。

5. 患者角色,又称患者身份,指被医生和社会确认的患病者应具有的心理活动和行为模式。患者角色的相应的权利和义务就从常态的社会人群中分离出来。

6. 患者角色转化中适应不良的情况有:角色行为强化、角色行为缺如、角色行为减退、角色行为冲突、角色行为异常。

7. 患者的心理需要有:需要尊重,需要关心和爱护,需要提供信息,需要和谐的环境,需要适当的活动与刺激,需要安全感和早日康复。

8. 不同患者的心理护理主要有:门诊患者的心理护理,急性病患者的心理护理,慢性病患者的心理护理,手术患者的心理护理,传染病患者的心理护理,恶性肿瘤患者的心理护理,疼痛患者的心理护理,临终患者的心理护理。

自测题

一、单项选择题

1. 不善于表达自己病情的患者通常指
   A. 儿童患者　　B. 青年患者　　C. 中年患者　　D. 老年患者
2. 广义的心理护理的实施者是
   A. 专职的护士和医生　　B. 医院工作人员
   C. 家属和亲友　　D. 以上均是
3. 实施临床心理护理的导向是心理护理的
   A. 基本程序　　B. 基本要素　　C. 基本技术　　D. 基本理论
4. 患者李某因其他角色冲击患者角色,从事了不应该承担的活动,该患者行为属于
   A. 角色行为缺如　　B. 角色行为强化
   C. 角色行为减退　　D. 角色行为冲突
5. 有调查显示,患者渴望亲属陪伴的最主要原因是为
   A. 获得精神满足　　B. 获得生活满足
   C. 获得安全保障　　D. 获得饮食改善
6. 影响患者就医行为的最主要原因是
   A. 就医经费　　B. 疾病认知　　C. 个体人格　　D. 社会支持
7. 患者最常见、最重要的心理变化是
   A. 抑郁　　B. 情绪变化　　C. 认知功能变化　　D. 焦虑
8. 患者抑郁、厌世,以致自杀,属于

A. 角色行为强化　　　　　　　B. 角色行为异常
　　C. 角色行为减退　　　　　　　D. 角色行为缺如
9. 手术患者术前最常见的情绪反应是
　　A. 抑郁　　　B. 过度依赖　　　C. 焦虑　　　D. 敌意
10. 临终患者的一般心理变化规律是
　　A. 否认期、愤怒期、妥协期、抑郁期、接受期
　　B. 否认期、妥协期、愤怒期、接受期、抑郁期
　　C. 愤怒期、否认期、妥协期、抑郁期、接受期
　　D. 否认期、愤怒期、妥协期、接受期、抑郁期

二、填空题

1. 心理护理的原则是_____、_____、_____、_____。
2. 患者的心理需要包括_____、_____、_____、_____、需要安全感和早日康复。

三、名词解释

1. 心理护理　2. 患者角色

四、简述题

心理护理的目标是什么？

（新疆医科大学护理学院　姚　鸣　新疆医科大学第二附属医院　唐乃梅）

第十章 医护人员应具备的良好心理素质及其培养

> **学习目标**
> 1. 掌握医护人员应具备的心理素质。
> 2. 熟悉医护人员良好心理素质的培养原则。
> 3. 了解医护人员良好心理素质的培养途径。

人的心理素质是在遗传因素、环境因素以及教育、实践活动的影响下形成和发展起来的。心理素质在个体之间存在差异，不同的职业活动对人的心理素质也有不同的要求，对于在后天因素影响下所形成的心理素质可通过适当的培养和教育使其最大程度地满足职业活动的需求。

第一节 医护人员应具备的良好心理素质

根据临床医疗服务工作的要求及心理素质的组成部分，对医护人员的心理素质要求可包括以下几方面。

一、必备的职业技能

职业技能是指在职业环境中合理、有效地运用专业知识、职业价值观、道德观与态度的各种能力，包括智力技能、技术和功能技能、个人技能、人际和沟通技能、组织和管理技能等。人类在几千年来防病治病、保障健康的长期医疗实践中，积累了丰富的经验。随着自然科学和医学自身的不断发展，当今临床医学分科、分类更细，其研究范围在不断扩大，对疾病的诊断和治疗技术发展迅速，因此要求医护人员具备必要的职业技能才能适应和胜任岗位要求。医护人员不断提高自己的职业技能既是适应医学科学发展的需要，也是胜任临床医护工作，更好地为人类健康事业做出贡献的需要。

临床医务工作者的职业技能要求临床医务工作者不断加强专业知识及相关学科知识的学习，提高自身的临床工作技能。学习和提高其人际关系技能，包括如何与患者及家属有效地沟通，如何避免冲突，如何与上下级医生及其他科室医生及护士沟通。应不断提高解决临床实际问题的技能，临床工作中面临的患者都有其个性化的一面，患者的病情也存在复杂多变的特点，因此要求临床医务工作者具备解决一系列复杂临床问题的技能。

二、认知素质要求

1. **敏锐的观察力** 观察是知觉的特殊形式，它是有预定目的、有计划、主动的知觉过程，观察比一般的知觉有更深的理解性。医护人员在观察疾病症状、病情变化、患者的情绪变化等日常工作中都需要有敏锐的观察力。

培养敏锐的观察力需要医护人员有全面丰富的专业知识、良好的职业习惯和严谨的工作态度作为前提和基础。要求医护人员在观察患者前要全面了解患者，有明确的观察目的与任务，有充分的观察准备，并养成对观察材料记录和结果整理的习惯。

2. **良好的记忆力**　医疗、护理工作信息量大，需要分析、解决和处理大量复杂问题，这些职业特点都要求医生、护士有良好的记忆力，特别是记忆的准确性。

培养良好的记忆品质要有明确的记忆目的、计划与要求；正确运用记忆策略和方法，如多用意义识记，多种分析器同时运用，对抽象内容采用形象记忆法等。

3. **良好的思维品质**　医护人员面对的疾病种类繁多，即使同类疾病个体差异也是客观存在的，因此，需要医护人员有良好的思维品质，才能更好地发现问题、明确问题和解决问题。

培养良好的临床思维品质要求医护人员学会全面地、发展地、实事求是地看问题；善于发现问题，加强表达能力的锻炼；发挥定势的积极作用，抑制定势的消极作用；激发好奇心，加强创造性思维品质的培养。

三、情绪情感素质要求

情绪情感不仅是客观事物与人的需求关系的反映，更重要的是它对人的身心各个方面有着广泛而深刻的影响。医护人员良好的情绪状态有利于保持身心健康、提高工作效率，更为重要的是医护人员的情绪和情感还会影响到与患者之间的人际关系，影响到沟通的有效进行。

1. **情绪素质要求**　以积极情绪体验为主，情感反应适度，情绪稳定。能够客观地评价和认识自己的情绪状态并能够有效地调节与控制自己的情绪；当处于消极情绪状态时，能够运用有效的情感表达方式将不愉快的情绪释放与发泄出来，并且不对他人造成伤害。

2. **情感素质要求**　培养良好的情感要求临床医护人员要培养对所从事职业和工作对象的强烈的喜欢和热爱情感，并具有高尚的道德感。只有热爱所从事的临床工作和患者，才能把工作做到最好。医护人员在工作中应保持积极稳定的情绪。积极的情绪能使自己充满活力，也能唤起患者对生活的热爱，增强战胜疾病的信心。医护人员还要善于表达和调控自己的情绪，在工作中能保持温和、慈祥、安定、欢快、平和的心境，能做到激情不露，纠缠不怒，悲喜有节，急事不慌，危事不惊，不迁怒于人。

四、意志素质要求

意志是人克服困难，实现预定目标的心理活动。医生、护士在临床工作中会遇到来自外部和内部的各种困难，如果没有克服困难的坚强意志品质是难以完成各项工作任务的，尤其是面对疑难危重患者更能体现出对医护人员的意志品质的要求。

医护人员良好的意志品质体现在对行动的目的和动机有清楚而深刻的认识，善于明辨是非，善于应付复杂情境和问题，能够很好地控制和协调自己的思想情感和行为举止，有坚韧的毅力、顽强的精神，百折不挠地把决定贯彻始终。医护人员培养坚强的意志品质首先要树立明确的职业目标和动机，以患者的需要为中心；严格遵循医院的各项规章管理制度和工作流程，自觉抗拒诱因干扰；培养增强对挫折的耐力，在困难面前付出意志努力；要善于掌握自己的目的和动机，采取决定要充分估计主、客观条件，做到合理可行，执行决定要态度坚决，有始有终，坚持不懈。

五、个性素质要求

性格是个性的核心，人的性格差异是普遍存在的，各种性格特点都有自己的优点和不足。良好的性格特征有利于保持身心健康，同时也可提高工作效率，有利于人际交往。

比较适合临床医疗服务工作的性格特点有：对待工作严谨负责、沉着冷静、满腔热情、机智果断、勤劳坚毅；对待患者诚恳正直、热情有礼、乐于助人、理解宽容；对待自己谦虚谨慎、开朗稳重、自尊大方。在社会实践中，人们适应并改变着环境，同时也改变着自己的性格，医护人员可通过在临床实践及社会实践活动中改变自己的某些性格特征，使之更适合于职业需求，针对自身的性格弱点有意识地加以纠正，摒弃不符合职业要求的性格品质，激发符合职业要求的性格品质。

第二节 医护人员心理素质的培养

一、培养原则

1. 家庭教育与社会影响并重的原则　心理学研究表明，个体的心理素质差异是在家庭与社会环境的影响下形成的。家庭因素如家庭的社会地位、生活条件、生活方式，家庭氛围，家庭成员之间的人际关系，家长的心理特点及教养方式会影响个体心理素质的发展。心理学家也对社会环境因素对个体心理素质发展的影响，进行了广泛深入的研究。一定的社会文化背景，如风俗习惯、道德观、社会风气等，从出生之日起就以一种无形的力量影响着个体理想、信念、世界观、需要、动机、兴趣和态度等心理素质的形成。不同的文化对人的心理健康有不同的影响，其中有些是健康的影响，有些则是不健康的影响。因此要培养医护人员良好的心理素质，应遵循家庭教育与社会影响并重的原则。

2. 学校教育与自我塑造并重的原则　学校教育不仅向个体提示了特定社会的价值观念、行为准则，进行文化的灌输，更重要的是为个体提供了心理成长模仿学习的模式。学校教育能培养个体的目的性、坚韧性、自信心、主动性、勤奋、独立性等良好的性格特点，也会对个体的健康情绪发展产生积极影响。个体的心理发展与自我塑造密不可分，个体在与环境之间相互作用中所表现出来的个体主观能动性，是促进个体心理发展从潜在的可能状态转向现实状态的决定性因素。因此要培养医护人员良好的心理素质，应遵循学校教育与自我塑造并重的原则。

3. 理论与实践相结合的原则　心理发展与心理健康教育的理论是遵循个体心理发展规律和个性心理特点，有目的、有计划、有步骤地培养良好心理品质和心理卫生习惯，调节心理功能，预防和减少心理疾病的发生，开发心理潜能，不断提高心理适应和承受能力，提高心理调节水平和心理活动的状态水平，进而促进个体整体素质的提高和个性的和谐发展。只有将科学的理论知识以多种形式运用到实践中才能最大限度地发挥其在心理素质培养与教育中的作用。

4. 个体与群体相结合的原则 在医护人员良好心理素质培养过程中既要根据心理发展特点和身心发展规律，通过普遍开展教育活动，使个体对心理健康教育有积极的认识，使心理素质逐步得到提高，促进群体身心全面和谐地发展和素质全面提高；同时又要关注个别差异，根据不同个体的心理发展的层次、特点和水平及不同需要，开展多种形式的教育和辅导，提高个体的心理健康水平。

二、培养途径

1. 创设健康向上的社会文化氛围 社会文化影响着个体人格的发展，社会文化氛围在人的心理素质的培养中起重要作用。随着社会经济的发展，科技的进步，人们的精神文明程度也在提高；随着医学模式的转变，医疗服务质量的内涵更加丰富和宽泛，就医环境明显改善，尊重患者、鼓励患者参与到自己疾病的治疗过程中得到提倡；各级各类医院在不断完善医疗服务质量管理制度，"以患者为中心"的理念已渗透到医护人员的意识之中。这些大的社会文化因素在培养医护人员良好的心理素质方面起着积极的作用。当然在当今社会中，仍然存在着一些不健康的社会文化，因此培养医护人员良好的心理素质不仅需要医护人员本身、医院方面的努力，培养和保持每个社会成员的良好的心理素质也是整个社会努力的方向和责任。

2. 积极开展心理健康教育 个体的全面发展包括生理与心理两方面的发展。心理健康对个体成长的意义是广泛而普遍的，它是个性全面发展的基础。世界各国的经验表明，社会的现代化程度越高，发展速度越快，人类的心理健康问题也就越突出。因此在当前社会环境下积极开展多种形式和途径的心理健康教育对提高医护人员的心理素质有着重要作用。

3. 注重临床实践活动的自我锻炼 心理学研究表明：人们长期从事的特定活动对其心理素质的形成和发展也有重要的影响。人们在从事特定的职业活动和社会实践中，会根据职业要求巩固或改变自己的心理特征，逐渐形成一些带有职业特点的稳定的心理素质。

4. 充分利用教师及临床医护人员的示范作用 行为理论认为模仿学习是人们根据别人的行为模式和活动，进行仿效的过程。一般地说，那些具有"引人注意的，值得赞扬的，有声望的，有专长的和有能力"等特点的人的行为，即榜样行为，容易引起人们的模仿。因此在医护人员心理素质培养过程中要充分利用模仿学习，教师应以自身为榜样，业务要精通，治学要严谨，富有创新精神，心理素质较高，有强烈的教书育人的使命感。在学生面前应表现愉快、乐观、积极、进取、自信、自尊、自爱、自强、民主、平等、宽宏大度等良好的心理素质，用正确的动机，积极稳定的情绪，高尚的情感，顽强的意志，健全的个性去影响学生、塑造学生，使学生在模仿中受到心理素质教育。还要发挥那些优秀临床医护人员的示范作用，学习他们强烈的使命感和责任感、良好的医德医风、良好的工作习惯、良好的心理素质，将榜样的心理素质内化为自身的心理素质，早日成为一名优秀的医务工作者。

知识链接——缺失理性，引发悲剧

2010年在美国有两件案子都与中国人有关。一是弗吉尼亚理工学院中国博士生朱海洋，因求爱不成把女同学杀害，4月19日被当地法院裁定一级谋杀罪名成立，被判处终身监禁，不得假释。第二件案子是4月26日一名被医院裁员的中国医生王丽山开枪杀死了耶鲁大学医生杜尔，目前王丽山被关押在监狱中。不论他们的杀人动机如何，从这两起案件可以看出一个共性问题，那就是这两个人的心理素质存在问题。朱海洋在国内时被称作是学习尖子，但到美国读博士不到一年即面临无法继续完成学业的压力，而且向女同学求爱被拒绝，最终毁了他人也毁了自己。王丽山被医院解雇，认为是医生杜尔对他不公、遭受歧视。其家中有罹患癌症的妻子、父亲，还有三个需要抚养的孩子。一念之差，王丽山为出一口气而转而杀人，一个令人同情的失业者转眼变成凶犯，而两个家庭也成为这一悲剧的不幸承担者。

人活一生，总会遇到挫折甚至是磨难，这需要有坚强的意志和良好的心理素质才能度过艰难的挑战。良好的职业心理素质也是职业成功的重要保证。良好的心理素质不是凭空而来的，青少年时期正是形成良好心理素质的关键时期，在人的一生，青少年时期只有一次，心理素质的培养和教育也得益于从出生到青少年这一人生阶段。

本章小结

1. 临床医护人员应具备良好的心理素质，如必备的职业技能、认知素质要求、情感素质要求、意志素质要求和个性素质要求。

2. 心理素质培养的原则包括家庭教育与社会影响并重的原则、学校教育与自我塑造并重的原则、理论与实践相结合的原则、个体与群体相结合的原则。

3. 心理素质培养的具体途径：创设健康向上的社会文化氛围，积极开展心理健康教育，注重临床实践活动的自我锻炼，充分利用教师及临床医护人员的示范作用。

自测题

一、单项选择题

1. 临床医务工作者必备的职业技能不包括下列哪项
   A. 智力技能　　　　　　　　　B. 技术和功能技能
   C. 个人技能　　　　　　　　　D. 设计技能

2. 医护人员良好的思维品质排除下列哪项
   A. 灵活性和敏捷性　　　　　　B. 独立性与批判性
   C. 逻辑性　　　　　　　　　　D. 特异性

3. 在培养医护人员心理素质途径中充分利用教师及临床医护人员的示范作用是下列哪一心理学理论的体现
   A. 无意识理论　　　　　　　　B. 人本主义理论

C. 行为理论　　　　　　　　D. 自我理论
4. 良好的记忆品质不包括下列哪项
    A. 记忆的准确性　　　　　　B. 记忆的灵活性
    C. 记忆的持久性　　　　　　D. 记忆的准备性

二、填空题
1. 对医护人员的认知素质要求有_____、_____和良好的思维品质。
2. 医护人员心理素质培养应坚持的原则有_____、_____、_____、_____。
3. 医护人员心理素质培养的途径有_____、_____、_____、_____。

三、简述题
1. 简述医务工作者应具备哪些心理素质。
2. 如何培养医务工作者的良好心理素质？

（大庆医学高等专科学校　韩　冰）

附录一　实　验

实验一　自我探索的团体心理辅导

【实验目的】　帮助学生了解自己的个性、兴趣、能力、价值观和人生理想；提高大学生的自我意识，明确真实自我、现实自我与理想自我的差距，使其重新做好自我认知、积极体验、自我调整，实现自我悦纳和自我探索，完善人格。

【实验内容】　1. 我是谁　2. 谁是我　3. 我是我。

【实验时间】　90 min。

【实验程序】

（一）指导语

本次实验将用 90 min 时间进行一次自我的探索，每一个学生在规定的时间内以自然平和的心态按照实验程序，遵从自己内心的呼唤完整回答问题，集中注意和情绪，依次作答，时间到则停止作答。现闭上眼睛，做 20 次深呼吸，进入放松状态，时间 5 min。

（二）具体内容与方式

1. 根据实际情况完成下列 20 个句子，不能填重复内容，时间 5 min。

(1) 我是_____的人。
(2) 我是_____的人。
(3) 我是_____的人。
(4) 我是_____的人。
(5) 我是_____的人。
(6) 我是_____的人。
(7) 我是_____的人。
(8) 我是_____的人。
(9) 我是_____的人。
(10) 我是_____的人。
(11) 我是_____的人。
(12) 我是_____的人。
(13) 我是_____的人。
(14) 我是_____的人。
(15) 我是_____的人。
(16) 我是_____的人。
(17) 我是_____的人。
(18) 我是_____的人。
(19) 我是_____的人。
(20) 我是_____的人。

仔细分析上面 20 个句子，依据下列提示进行分类（填上序号即可，可以重复），时间 15 min。

① 正面性评价的句子有_____。
　　负面性评价的句子有_____。
　　中性评价的句子有_____。
② 表面性的句子有_____。
　　反映内心的句子有_____。
③ 自己眼中的我有_____。
　　他人眼中的我有_____。
　　社会评价的我有_____。

小结评论：可以鼓励两个学生（最好男女兼有）说说自己的情况与体会，引导学生认识"我是谁"，发现自己的独到之处、优点及不足，扩展到每一个人都会有这两方面，要学会扬长避短，取长补短，接纳自己和不同的人。时间 10 min。放一段轻音乐（5 min）进入下一个程序。

2. 请根据自己原有的经验或想象，完成下列 5 个句子，时间 5 min。
　　(1) 假如我是一种动物，我希望我是_____。
　　(2) 假如我是一种植物，我希望我是_____。
　　(3) 假如我是一种乐器，我希望我是_____。
　　(4) 假如我是一种交通工具，我希望我是_____。
　　(5) 假如我是一种食品，我希望我是_____。

请同学们展开讨论，阐述各自的理由，时间 15 min。

小结评论：请男生、女生各推出一名代表，归纳各方的选择和理由，然后具体说说自己的希望和理由；引导学生认识"谁是我"，进行换位思考和同感理解，将自己的希望转化为学习、生活的目标，努力实现；然后进行一些课堂情绪的渲染，把自己生命的时间任意地缩短或延伸，进入最后一个程序。时间 10 min。

3. 请根据自己的真实想法回答下列 5 个问题，时间 5 min。
　　(1) 假如我的生命只剩下 1 小时，我最想做的一件事是_____。
　　(2) 假如我的生命只剩下 1 天，我最想做的一件事是_____。
　　(3) 假如我的生命只剩下 1 年，我最想做的一件事是_____。
　　(4) 假如 100 年后的"我"现在复活了，"我"对现在的我将会说_____。
　　(5) 假如在我百年后，我希望他人在我的"墓志铭"上写着_____。

总结：请同学们小心翼翼地保存好自己的这个"隐私"，这就是苦苦追问的"我"，每一个人要努力地成为自己，珍惜时间，持之以恒地行动，不断地实现自我。时间 5 min。

【实验报告】　请实验参与者结合本次实验，围绕自我探索，辨别清楚"我是谁"，"谁是我"，做出自我的肯定回答——"我是我"，写好自己的内心体验与"我"的规划，1000 字以上，下次上课之前直接交给指导教师。

（怀化医学高等专科学校　肖瑞建）

实验二　SCL-90、SAS、SDS 量表练习

【实验目的】　通过对症状自评量表（SCL-90）、抑郁自评量表（SDS）、焦虑自评量表（SDS）的练习，熟悉三种临床量表的测验内容，掌握三种临床量表的测量、统计方法和结果的判断。

【实验内容】　利用所给的三个量表进行自测或者互测。

【实验材料】　SCL-90、SAS、SDS 量表内容见附表1、附表2、附表3。

【实验时间】　90 min。

附表1　90 项症状自评量表（SCL-90）

姓名	性别	年龄	病室	研究编号
住院号	评定日期		第　次评定	

注意：以下表格中列出了有些人有的问题，请仔细地阅读每一条，然后根据最近1周内，下述情况影响您的实际感觉，在5个方格中选择一格，打一个钩。

序号	问题	没有 1	很轻 2	中等 3	偏重 4	严重 5
1	头痛	□	□	□	□	□
2	神经过敏，心中不踏实	□	□	□	□	□
3	头脑中有不必要的想法或字句盘旋	□	□	□	□	□
4	头晕或晕倒	□	□	□	□	□
5	对异性的兴趣减退	□	□	□	□	□
6	对旁人求全责备	□	□	□	□	□
7	感到别人能控制您的思想	□	□	□	□	□
8	责怪别人制造麻烦	□	□	□	□	□
9	忘性大	□	□	□	□	□
10	担心自己的衣饰整齐及仪态的端正	□	□	□	□	□
11	容易烦恼和激动	□	□	□	□	□
12	胸痛	□	□	□	□	□
13	害怕空旷的场所或街道	□	□	□	□	□
14	感到自己的精力下降，活动减慢	□	□	□	□	□
15	想结束自己的生命	□	□	□	□	□
16	听到旁人听不到的声音	□	□	□	□	□
17	发抖	□	□	□	□	□
18	感到大多数人都不可信任	□	□	□	□	□
19	胃口不好	□	□	□	□	□
20	容易哭泣	□	□	□	□	□
21	同异性相处时感到害羞、不自在	□	□	□	□	□

序号	问题	没有 1	很轻 2	中等 3	偏重 4	严重 5
22	感到受骗，中了圈套或有人想抓住您	□	□	□	□	□
23	无缘无故地突然感到害怕	□	□	□	□	□
24	自己不能控制地大发脾气	□	□	□	□	□
25	怕单独出门	□	□	□	□	□
26	经常责怪自己	□	□	□	□	□
27	腰痛	□	□	□	□	□
28	感到难以完成任务	□	□	□	□	□
29	感到孤独	□	□	□	□	□
30	感到苦闷	□	□	□	□	□
31	过分担忧	□	□	□	□	□
32	对事物不感兴趣	□	□	□	□	□
33	感到害怕	□	□	□	□	□
34	您的感情容易受到伤害	□	□	□	□	□
35	旁人能知道您的私下想法	□	□	□	□	□
36	感到别人不理解您、不同情您	□	□	□	□	□
37	感到人们对您不友好，不喜欢您	□	□	□	□	□
38	做事必须做得很慢以保证做得正确	□	□	□	□	□
39	心跳得很厉害	□	□	□	□	□
40	恶心或胃部不舒服	□	□	□	□	□
41	感到比不上他人	□	□	□	□	□
42	肌肉酸痛	□	□	□	□	□
43	感到有人在监视您、谈论您	□	□	□	□	□
44	难以入睡	□	□	□	□	□
45	做事必须反复检查	□	□	□	□	□
46	难以做出决定	□	□	□	□	□
47	怕乘电车、公共汽车、地铁或火车	□	□	□	□	□
48	呼吸有困难	□	□	□	□	□
49	一阵阵发冷或发热	□	□	□	□	□
50	因为感到害怕而避开某些东西、场合或活动	□	□	□	□	□
51	脑子变空了	□	□	□	□	□
52	身体发麻或刺痛	□	□	□	□	□
53	喉咙有梗塞感	□	□	□	□	□
54	感到前途没有希望	□	□	□	□	□
55	不能集中注意力	□	□	□	□	□

序号	问题	没有 1	很轻 2	中等 3	偏重 4	严重 5
56	感到身体的某一部分软弱无力	☐	☐	☐	☐	☐
57	感到紧张或容易紧张	☐	☐	☐	☐	☐
58	感到手或脚发重	☐	☐	☐	☐	☐
59	想到死亡的事	☐	☐	☐	☐	☐
60	吃得太多	☐	☐	☐	☐	☐
61	当别人看着您或谈论您时感到不自在	☐	☐	☐	☐	☐
62	有一些不属于您自己的想法	☐	☐	☐	☐	☐
63	有想打人或伤害他人的冲动	☐	☐	☐	☐	☐
64	醒得太早	☐	☐	☐	☐	☐
65	必须反复洗手、点数	☐	☐	☐	☐	☐
66	睡得不稳、不深	☐	☐	☐	☐	☐
67	有想摔坏或破坏东西的想法	☐	☐	☐	☐	☐
68	有一些别人没有的想法	☐	☐	☐	☐	☐
69	感到对别人神经过敏	☐	☐	☐	☐	☐
70	在商店或电影院等人多的地方感到不自在	☐	☐	☐	☐	☐
71	感到任何事情都很困难	☐	☐	☐	☐	☐
72	一阵阵恐惧或惊恐	☐	☐	☐	☐	☐
73	感到在公共场合吃东西很不舒服	☐	☐	☐	☐	☐
74	经常与人争论	☐	☐	☐	☐	☐
75	单独一人时神经很紧张	☐	☐	☐	☐	☐
76	别人对您的成绩没有做出恰当的评价	☐	☐	☐	☐	☐
77	即使和别人在一起也感到孤单	☐	☐	☐	☐	☐
78	感到坐立不安、心神不定	☐	☐	☐	☐	☐
79	感到自己没有什么价值	☐	☐	☐	☐	☐
80	感到熟悉的东西变成陌生或不像是真的	☐	☐	☐	☐	☐
81	大叫或摔东西	☐	☐	☐	☐	☐
82	害怕会在公共场合晕倒	☐	☐	☐	☐	☐
83	感到别人想占您的便宜	☐	☐	☐	☐	☐
84	为一些有关性的想法而很苦恼	☐	☐	☐	☐	☐
85	您认为应该因为自己的过错而受到惩罚	☐	☐	☐	☐	☐
86	感到要很快把事情做完	☐	☐	☐	☐	☐
87	感到自己的身体有严重问题	☐	☐	☐	☐	☐
88	从未感到和其他人很亲近	☐	☐	☐	☐	☐
89	感到自己有罪	☐	☐	☐	☐	☐
90	感到自己的脑子有毛病	☐	☐	☐	☐	☐

附表 2　Zung 抑郁自评量表（SDS）

姓名　　　　性别　　　　年龄　　　　病室　　　　研究编号

住院号　　　评定日期　　　第　　次评定

指导语：下面有 20 条文字，请仔细阅读每一条，把意思弄明白。然后根据您最近 1 周的实际情况在每一条文字后的适当方格里打钩。1-没有或很少时间；2-部分时间；3-相当多时间；4-绝大部分或全部时间。

问题	1	2	3	4
1. 我觉得闷闷不乐，情绪低沉	□	□	□	□
2. 我觉得一天之中早晨最好	□	□	□	□
3. 我一阵阵哭出来或觉得想哭	□	□	□	□
4. 我晚上睡眠不好	□	□	□	□
5. 我吃得跟平常一样多	□	□	□	□
6. 我与异性密切接触时和以往一样感到愉快	□	□	□	□
7. 我发觉我的体重在下降	□	□	□	□
8. 我有便秘的苦恼	□	□	□	□
9. 我心跳比平时快	□	□	□	□
10. 我无缘无故地感到疲乏	□	□	□	□
11. 我的头脑跟平常一样清楚	□	□	□	□
12. 我觉得经常做的事情并没有困难	□	□	□	□
13. 我觉得不安而平静不下来	□	□	□	□
14. 我对将来抱有希望	□	□	□	□
15. 我比平常容易生气激动	□	□	□	□
16. 我觉得作出决定是容易的	□	□	□	□
17. 我觉得自己是个有用的人，有人需要我	□	□	□	□
18. 我的生活过得很有意思	□	□	□	□
19. 我认为我死了别人会生活得好些	□	□	□	□
20. 平常感兴趣的事我仍然感兴趣	□	□	□	□

附表 3　Zung 焦虑自评量表（SAS）

姓名　　　　　性别　　　　　年龄　　　　　病室　　　　　研究编号

住院号　　　　评定日期　　　　第　　次评定

指导语：下面有 20 条文字，请仔细阅读每一条，把意思弄明白。然后根据您最近 1 周的实际情况在每一条文字后的适当方格里打钩。1-没有或很少时间；2-部分时间；3-相当多时间；4-绝大部分或全部时间。

问题	1	2	3	4
1. 我感到比往常更加神经过敏和焦虑	☐	☐	☐	☐
2. 我无缘无故地感到担心	☐	☐	☐	☐
3. 我容易心烦意乱或感到恐慌	☐	☐	☐	☐
4. 我感到我的身体好像被分成几块，支离破碎	☐	☐	☐	☐
5. 我感到事事都很顺利，不会有倒霉的事情发生	☐	☐	☐	☐
6. 我的四肢抖动和震颤	☐	☐	☐	☐
7. 我因头痛、颈痛和背痛而烦恼	☐	☐	☐	☐
8. 我感到无力且容易疲劳	☐	☐	☐	☐
9. 我感到很平静，能安静坐下来	☐	☐	☐	☐
10. 我感到我的心跳较快	☐	☐	☐	☐
11. 我因阵阵的眩晕而不舒服	☐	☐	☐	☐
12. 我有阵阵要昏倒的感觉	☐	☐	☐	☐
13. 我呼吸时进气和出气都不费力	☐	☐	☐	☐
14. 我的手指和脚趾感到麻木和刺痛	☐	☐	☐	☐
15. 我因胃痛和消化不良而苦恼	☐	☐	☐	☐
16. 我必须时常排尿	☐	☐	☐	☐
17. 我的手总是温暖而干燥	☐	☐	☐	☐
18. 我觉得脸发烧发红	☐	☐	☐	☐
19. 我容易入睡，晚上休息很好	☐	☐	☐	☐
20. 我做噩梦	☐	☐	☐	☐

【实验程序】

1. 环境安静，坐位舒适。

2. 以小组为单位，参照三种量表的使用方法，按标准化程序，同学们进行自测或互测。

3. 测量结束后，参照本教材第七章第二节中相关量表的评定方法，同学之间交叉统计结果，在教师协助下作出结果判断。

4. 教师巡视指导，根据学生所测结果指导学生做出评价。

【实验报告】　根据自测结果完成实验报告。

实验三　不同疾病阶段患者心理护理的角色扮演活动

【实验目的】　掌握不同疾病阶段患者心理护理。
【实验内容】　设计一定的主题及场景，进行角色扮演。
【实验时间】　90 min。
【实验程序】

(一) 设计好主题及场景

主题和场景主要有四个方面：
1. 疾病初期的心理护理。
2. 疾病发展期的心理护理。
3. 疾病恢复期的心理护理。
4. 临终患者的心理护理。

(二) 选定学生

1. 鼓励学生积极扮演角色，引发积极思维和情感体验。
2. 10 人一个小组。
3. 每个小组有护士 4 名，疾病初期的患者 1 名，疾病发展期的患者 1 名，疾病恢复期的患者 1 名，临终患者 1 名，没有参演的可以参与观察与评价。

(三) 实验场所

实验室。

(四) 准备道具

1. 护士服。
2. 评价表。

(五) 做好评价

1. 疾病初期　对扮演患者的学生的评价点：心理特点与临床表现是否涵盖：①否认与侥幸；②抱怨与负罪感；③恐惧与忧心忡忡；④轻视与满足；⑤陌生与孤独感。

   对扮演护士的学生的评价点：①有效沟通；②满足各种需要；③心理支持与疏导；④认知干预。

2. 疾病发展期　对扮演患者的学生的评价点：心理特点与临床表现是否涵盖：①接受与适应；②担心和焦虑；③沮丧与厌倦。

   对扮演护士的学生的评价点：①保持良好的护患关系；②调节患者的不良情绪。

3. 疾病恢复期　对扮演患者的学生的评价点：心理特点与临床表现是否涵盖：①兴奋与欣慰；②焦虑与忧伤；③悲观与绝望；④依赖与退缩。

   对扮演护士的学生的评价点：①提供信息与知识；②心理支持与疏导；③自我行为塑造；④协助认知治疗。

4. 临终患者的心理　对扮演患者的学生的评价点：心理特点与临床表现是否涵盖：①否认；②愤怒；③妥协；④抑郁；⑤接受。

   对扮演护士的学生的评价点：①帮助患者；②尽可能完成患者未完成的愿望；③缓解症状；④尊重患者。

【实验报告】　根据所扮演的角色写一篇心得体会。

附录二 自测题单项选择题参考答案

第一章
    1. C   2. D   3. C   4. C   5. A   6. D

第二章
    1. C   2. C   3. D   4. B   5. B   6. C   7. B   8. A   9. E
    10. B   11. A   12. C   13. D   14. B   15. C   16. D   17. D

第三章
    1. C   2. B   3. D   4. C   5. D   6. B   7. B   8. D   9. B
    10. C   11. D   12. B

第四章
    1. A   2. C   3. B   4. D   5. B   6. C

第五章
    1. B   2. C   3. A   4. A   5. D   6. C   7. B   8. D

第六章
    1. D   2. A   3. C   4. C   5. A   6. D

第七章
    1. C   2. C   3. D   4. B   5. C   6. D

第八章
    1. B   2. D   3. D   4. A   5. D   6. B

第九章
    1. A   2. D   3. D   4. D   5. A   6. B   7. B   8. B   9. C
    10. A

第十章
    1. D   2. D   3. C   4. B

参考文献

1. 刘晓虹. 护理心理学. 上海：第二军医大学出版社，1998.
2. 姜乾金. 医学心理学. 4版. 北京：人民卫生出版社，2006.
3. 邵贵平. 医学心理学基础. 北京：高等教育出版社，2005.
4. 郭争鸣，梁琼芳. 医护心理学. 北京：北京大学医学出版社，2005.
5. 胡佩诚. 医护心理学. 2版. 北京：北京大学医学出版社，2008.
6. 娄凤兰，曹枫林，张澜. 护理心理学. 北京：北京大学医学出版社，2006.
7. 彭聃龄. 普通心理学. 北京：北京师范大学出版社，2003.
8. 吴玉斌. 护理心理学. 北京：北京：高等教育出版社，2003.
9. 李鸣杲，金魁和. 医学心理学. 沈阳：辽宁科学技术出版社，1987.
10. 陈 力. 医学心理学. 2版. 北京：北京大学医学出版社，2009.
11. 张春兴. 现代心理学. 上海：上海人民出版社，2002.
12. 马存根. 医学心理学. 北京：人民卫生出版社，2002.
13. 霍涌泉. 意识心理学. 上海：上海教育出版社，2006.
14. 孟昭兰. 普通心理学. 北京：北京大学出版社，1994.
15. （美）伯格（Burger, J. M.）著. 人格心理学. 6版. 陈会昌等译. 北京：中国轻工业出版社，2004.
16. 燕国材. 理论心理学. 广州：暨南大学出版社，2007.
17. 王登峰，崔红. 解读中国人的人格. 北京：社会科学文献出版社，2005.
18. （美）费尔德曼（Feldman, R）著. 发展心理学——人的毕生发展. 4版. 苏彦捷等译. 北京：世界图书出版公司北京公司，2007.
19. 钱 明. 护理心理学. 北京：人民军医出版社，2007.
20. 曹海威，李惠兰. 医护心理学基础. 北京：科学出版社，2007.
21. 郑雪等. 健康与人格. 广州：暨南大学出版社，2007.
22. 杜昭云. 心理学基础. 北京：人民卫生出版社，2006.
23. 王登峰. 临床心理学. 北京：人民教育出版社，2004.
24. 沈渔邨. 精神病学. 北京：人民卫生出版社，2003.
25. 中华医学会精神科分会. 中国精神障碍分类与诊断标准. 3版. 济南：山东科学技术出版社，2001.
26. 姚树桥，孙学礼. 医学心理学. 5版. 北京：人民卫生出版社，2010.
27. 张爱国，王明波，周继重. 医学心理学. 济南：山东人民出版社，2009.
28. 郭念锋. 心理咨询师（基础知识）. 北京：民族出版社，2005.
29. 郭念锋. 心理咨询师（三级）. 北京：民族出版社，2005.
30. 郭念锋. 心理咨询师（二级）. 北京：民族出版社，2005.
31. 杨 萍. 心理与精神护理. 北京：人民卫生出版社，2008.
32. 周郁秋. 护理心理学. 2版. 北京：人民卫生出版社，2006.

33. 朱月龙. 心理门诊. 北京：海潮出版社，2007.
34. 龚耀先. 心理评估. 北京：高等教育出版社，2003.
35. 董　奇，申继亮. 心理与教育研究法. 杭州：浙江教育出版社，2005.
36. 全国卫生专业技术资格考试专家委员会编写. 精神病学与心理治疗学. 济南：山东大学出版社，2004.
37. 曾　慧. 心理与精神护理论. 北京：高等教育出版社，2005.
38. 周郁秋. 护理心理学. 北京：人民卫生出版社，2007.
39. 蒋继国. 护理心理学. 北京：人民卫生出版社，2006.
40. 李国宏，耿德勤. 护理心理学. 南京：东南大学出版社，2002.
41. 戴晓阳，佟术艳. 护理心理学. 北京：人民卫生出版社，1999.
42. 李映兰. 护理心理学. 北京：人民卫生出版社，2004.

中英文专业词汇对照索引

B

比率智商（ratio IQ） 96
补偿（restitution） 70

C

操作性条件反射（operant conditioning） 110
差别阈限（differential threshold） 12
常模（norm） 96
成瘾综合征（addiction syndrome） 90
冲击疗法（implosive therapy） 111
错觉（illusion） 15

D

抵消（undoing） 70
动机（motivation） 41

F

反向形成（reaction formation） 70
放松训练（relaxation training） 110
否定（denial） 70

G

感觉（sensation） 10
感觉统合（sensory integration） 55
感觉阈限（sensory threshold） 12
感受性（sensitivity） 12
工具性条件反射（instrumental conditioning） 110

H

合理化（rationalization） 70
幻想（fantasy） 70

J

记忆（memory） 16
角色（role） 119
角色转变（transition of role） 120
经典条件反射（classical conditioned reflex） 110

精神分析疗法（psychoanalytic therapy） 107
绝对感觉阈限（absolute sensory threshold） 12

L

来访者中心疗法（client-center therapy） 111
离差智商（deviation IQ） 97

M

满灌疗法（flooding therapy） 111

N

能力（ability） 42

Q

气质（temperament） 45
潜抑（repression） 69
情感（feeling） 27
情绪（emotion） 27
去注意（decentering） 114

R

人格（personality） 37
人格障碍（personality disorder） 83
认知疗法（cognitive therapy） 112

S

神经症（neurosis） 86
升华（sublimation） 70
生物反馈疗法（biofeedback therapy） 111
识别认知性错误（identifying cognitive errors） 113
识别自动性想法（identifying automatic thoughts） 113
思维（thinking） 20
生活变化单位（life change units，LCU） 67
社会再适应评定量表（social readjustment rating scale，SRRS） 67

T

疼痛（pain） 15

统合危机（identity crisis） 59
投射（projection） 70
退行（regression） 70

W

网络成瘾（internet addiction disorder） 91

X

系统脱敏（systematic desensitization） 111
想象（imagination） 24
消化性溃疡（peptic ulcer） 76
效度（validity） 96
心理测验（psychological test） 95
心理防御机制（meatal defense mechanism） 69
心理分析学说 psychoanalysis 108
心理护理（mental nursing） 117
心理评估（psychological assessment） 94
心理卫生（mental hygiene） 52
心理治疗（psychotherapy） 102
心理咨询（psychological counseling） 102
心身疾病（psychosomatic diseases） 72
信度（reliability） 96
兴趣（interest） 42
行为疗法（behavior therapy） 110
性格（character） 47

性心理障碍（psychosexual disorder） 88
需要（need） 39

Y

厌恶疗法（aversion therapy） 111
医护心理学（medical and nursing psychology） 5
遗忘（forgetting） 18
异常心理（abnormal psychology） 80
意志（will） 32
应激（stress） 66
应激原（stressor） 66
幽默（humor） 70
原发性高血压（primary hypertension） 75

Z

真实性检验（reality testing） 114
支气管哮喘（bronchial asthma） 76
知觉（perception） 13
智力（intelligence） 43
智力测验（intelligence test） 96
注意（attention） 25
转移（transfer） 70
咨询（counseling） 102
自我统合（ego identity） 59
自我意识（self-consciousness） 48